Regine Trat

Das etwas andere Fachbuch für Führungskräfte

Erwähnenswert

Die Gewohnheit ist der natürliche Feind der Begeisterung

---

10 Kurzgeschichten von

Erwin Erwähnermann & Erhart Stummermann

RTVerlag

RTVerlag

www.erwaehnenswert.com

Umschlaggestaltung: Regine Trat
Illustrationen: Regine Trat
Druck und Bindung: Flyer Alarm
Grafik: Christina Villalta
ISBN 978-3-9815225-0-1

Anmerkung der Autorin

In Anbetracht dessen, dass heutzutage kaum eine Führungskraft die Zeit aufbringen kann, um lange Abhandlungen über die besten und neuesten Techniken erfolgreicher Führung zu studieren, habe ich mich in diesem Buch darauf konzentriert, sämtliche Aussagen, Tipps & Tricks in kleinen leicht verdaulichen Portionen darzubieten. Zugegeben, in Summe sieht es aus wic „leichte Kost"... doch der „Genleßer" wird schnell bemerken, dass es die „Portionen" in sich haben.

In diesem Sinne, guten Appetit!

Herzlichst Ihre

Regine Trat

~Inhaltsangabe~

Auf folgende Inhalte dürfen Sie sich freuen:

10 Kurzgeschichten von Erwin & Erhart

~Widmung~

Er war so begeistert von dieser Idee der Kurzgeschichten und ein Fan meiner Bilder… Ich hätte mir so sehr gewünscht, dass er noch mitbekommen hätte, wie das Buch verlegt wird. Doch leider entschied das Schicksal anders.
Es ist mir daher ein starkes Bedürfnis, ihm dieses Buch zu widmen, meinem geliebten Vater, Erich Möller.
Ein großartiger Schriftsteller, Komponist, Maler, mein Mentor und engster Wegbegleiter in jeder Lebenslage.

~Vorwort~

Das Vorwort zur Einstimmung

Ich bin es leid, auf Menschen zu treffen, die blind und stumm durch diese schöne Welt gehen. Weit schlimmer finde ich es, wenn diese auch noch den Status einer Führungskraft haben. Die Kurzgeschichten von Erwin und Erhart sind sozusagen „Kinder der Wut in meinem Bauch".
Denn allmählich bringt mich die „Was-gestern-sensationell-war, ist-heute-normal-Mentalität" um. Es ist in meinen Augen ein fataler Automatismus unserer Gesellschaft.
Viele Führungskräfte, die ich kennengelernt habe, sind arm. Es mangelt ihnen an Worten der Nähe, Liebe, Wärme und Begeisterung, denn sie können sich kaum noch über etwas freuen. Und ich habe sie aus allen denkbaren Perspektiven erlebt. Viele und prägende Jahre aus der Sicht des Mitarbeiters, im Anschluss daran aus der Sicht der Kollegin und Mitglied der „Führungsriege", und die letzten Mosaiksteine habe ich dann bei den vielen Begegnungen während meiner Tätigkeit als Coach & Referent, der ich seit über 15 Jahren nachgehe, erhalten.
Und ... warum heißt das Buch „Erwähnenswert"? Und ... wieso haben die beiden Protagonisten so altmodische Namen?
Wissen Sie, in diesem Buch ist NICHTS dem Zufall überlassen. Kein Bild, das ich gezeichnet habe und keine Namenskreation, die ich erfunden habe. Ich überlasse es Ihnen, liebe Leser, die verschlüsselten Aussagen in den Texten, Bildern und Namen selbst zu entdecken. Nur im Falle der beiden Hauptpersonen möchte ich schon vorneweg für Orientierung sorgen: Erwin heißt ER-WIN weil **ER** ein **WIN**-ner ist! Und Erhart heißt ER-HART, weil **ER** schlichtweg **HART** ist. Hart zu sich selbst und zu anderen. Aber nicht nur das! Sein Nachname „Stummermann" verrät, dass dieser Mensch mit Worten äußerst sparsam umgeht, vor allem, wenn es darum geht, etwas anerkennend zu erwähnen. Sogar sein Mund hat darunter gelitten und ist deswegen zum schmalen Schlitz mutiert. Während Erwin, mit Nachnamen „Erwähnermann", seinen Mitmenschen stets mitteilt, wenn ihm etwas (dank seiner großen und runden Augen) positiv auffällt.

Vor allem aber schwimmt er ganz bewusst gegen den Strom der Gewohnheit, die, wie er findet, jegliche Begeisterung zerstört, und schafft es immer wieder, den Arbeitsalltag mit Lebensfreude zu füllen. Erhart hingegen fällt es schwer. Doch lesen Sie es selbst ...
Dieses Buch bietet eine ebenso simple wie ironisch angehauchte Reise. Mit Erwin und Erhart tauchen wir ein in die Welt der nackten Ur-Gefühle zwischenmenschlicher Beziehungen.
Übrigens: Wer Komplexität sucht, sollte das Buch jetzt aus der Hand legen, denn er würde vergeblich suchen. Wer jedoch einen Sinn für die Leichtigkeit simpler Vorgänge hat und zudem die hohe Kunst des „Loslassens" beherrscht, wird viele Dinge zwischen den Zeilen und Bildern entdecken, die er ggf. bereits morgen oder übermorgen im Alltag wiedererkennen wird.
Mit diesem Buch bezwecke ich (zunächst) nichts weiter als die reine Reflektion, als Ausgangspunkt für Vieles oder Nichts. Das hat jeder Einzelne in der Hand. Doch ich bin mir sicher, der Leser und „Betrachter" wird sehr schnell bemerken, ob er selbst ein Verwandter von Erwin oder Erhart ist.

Ihre Regine Trat

Steckbrief: Erwin Erwähnermann

Vorname:	Erwin
Nachname:	Erwähnermann
Geburtsjahr:	1961
Firma:	Win & Partner GmbH
Position:	Manager Verantwortlich für 35 Menschen
Motto:	Lebensfreude und Erfolg sind kompatibel

Erwin ist ein Mensch, der sich selten (eigentlich nie) an Dinge gewöhnt, sie nicht so schnell als „normal" einstuft und sie daher oft erwähnenswert findet.

Erwin lebt in Begleitung einer „Dauerbegeisterung", ein äußerst komfortabler Lebenszustand, durchaus vergleichbar mit der artverwandten „Dauererektion" …

Kurz: Erwin hat mehr Spaß am Leben!

Steckbrief: Erhart Stummermann

Vorname:	Erhart
Nachname:	Stummermann
Geburtsjahr:	1961
Firma:	Hart & Partner GmbH
Position:	Manager Chef von 35 Mitarbeitern
Motto:	Nur wer hart zu sich selbst und anderen ist, hat Erfolg

Erhart ist ein Mensch, der sich schnell an Dinge gewöhnt, sie schnell als „normal" einstuft und sie daher auch schnell nicht mehr erwähnenswert findet.

Erhart lebt in Begleitung einer „Dauersuche", ein äußerst anstrengender Lebenszustand, durchaus vergleichbar mit einem „Dauersprint"...

Kurz: Erhart findet keine Zeit, um sich an Dingen zu erfreuen, die er sowieso völlig normal findet.

Tiefere Einblicke in die Persönlichkeit...
von Erwin . . .

Feststellung:
Erwin benutzt alle seine Sinnesorgane, wenn er durch das Leben geht!

...und Erhart

Feststellung:
Erharts Sinnesorgane sind mangels Einsatz nahezu „wegrationalisiert" worden!

Notizen

1. Kurzgeschichte „Alltagszauberei“

In dieser Kurzgeschichte erfahren Sie, welche Macht Kommunikation hat … vorausgesetzt man erkennt die Chancen …

Hm...Herr Schmidt macht Überstunden
Na ja, ist ja das Mindeste

Comic-Analyse:

Es lohnt sich, die Merkmale von diesem kleinen „Comic" (welcher bei genauer Betrachtung an Traurigkeit kaum zu überbieten ist) mal näher zu beleuchten:

- Der Titel „ohne Worte" wäre passender gewesen … denn das Einzige, das man an Gefühlsregung sehen kann, sind zwei kleine Denkblasen. (Merke: Denkblasen unterscheiden sich dramatisch von Sprechblasen, welche nämlich, wie wir auf der nächsten Seite erleben werden, magische Kräfte besitzen!). Denkblasen sind wie Gefühlsgefängnisse. Die Gedanken und die dazugehörigen Gefühle sind zwar da, doch KEINER bekommt es mit.
- Erhart sieht, dass Herr Schmidt noch im Büro ist und Überstunden macht. Wobei, sagen wir mal, er „sieht" es nicht, sondern er „registriert" es. Nicht mehr und nicht weniger. Weder erkennt er irgendeine „Chance, zu zaubern" (von der Erwin immer redet), noch erkennt er irgendwas anderes. Und was soll's! So ist es nun mal … **wenn er nichts Außergewöhnliches erkennen kann, kann er auch nichts an-erkennen!**
- Der Detaillist unter Ihnen hat sicher schon bemerkt, dass die Gemütswelt (die wir auf den Bildern vom fleißigen Herrn Schmidt sehen) **völlig unverändert bleibt**. Und das, obwohl Herr Stummermann und Herr Schmidt sich rein körperlich extrem nahe waren. Erstaunlich! Wie man das wohl schafft? So nahe und doch so weit weg zu sein!?

Fazit:

Erhart hätte die Chance gehabt, ein Lächeln in das Gesicht von Herrn Schmidt zu zaubern. Doch er hat sie weder wahrgenommen noch genutzt. Schade, denn Herr Schmidt hätte es verdient.

Wow! Herr Schmidt ist noch da?!
Wahnsinn Herr Schmidt, sie sind aber fleißig!!
Oh!?

Comic-Analyse:

Es lohnt sich, auch diese als Comic dargestellte Szene näher zu beleuchten, denn es ist eine wahre Freude, die kleinen Details zu entdecken, die im normalen Leben einfach untergehen und somit nicht gewertet werden würden:

- Beginnen wir doch einfach mal damit, uns Erwin im ersten Bild näher anzuschauen, denn man sieht an seiner ganzen Körperhaltung, dass er die Szene, die er sieht, nicht nur sieht, sondern regelrecht genießend aufsaugt. Ganz bewusst nimmt er alles wahr, das ist vor allem an seinem Gesichtsausdruck deutlich zu spüren.
- Und da ist sie!!!, die Sprechblase! Die magische Sprechblase, untermalt von einer anerkennenden Geste! Und ... die Magie breitet sich aus, wir können es deutlich sehen: Die Gefühlswelt von Herrn Schmidt hat sich verändert. (Unfassbar! Eine einzige Sprechblase hat das geschafft!?) Man sieht es deutlich, er fühlt sich ertappt ... ertappt im positivsten Sinne!
- Erwin, du bist ein Zauberer! Schau nur, wie Herr Schmidt lächelt!

Fazit:
Erwin hatte die Chance, ein Lächeln in das Gesicht von Herrn Schmidt zu zaubern. Er hat sie **erkannt, bewusst wahrgenommen und genutzt**. Schön, denn Herr Schmidt hatte es verdient. Wetten, dass er heute Abend mit einem leichten Lächeln auf den Lippen nach Hause geht?

Anmerkung der Autorin

Wer diesen „Comic" lieblos überfliegt, könnte denken „Na und!? Ist doch logisch!" NICHTS ist logisch ... denn wäre es so, dann würden nicht so unfassbar viele Chefs genau IN DIESEM BEREICH versagen! Dabei wäre es so einfach, Mit-menschen (sprich Mit-arbeiter) ein Lächeln ins Gesicht zu zaubern! Eine einzige Sprechblase der Anerkennung reicht meistens aus ... Probieren Sie es doch gleich mal! Viel Spaß dabei!

Notizen

2. Kurzgeschichte
„Erwin, Erhart und Miss G“

In dieser Kurzgeschichte erfahren Sie das Geheimnis der Begeisterung...

Hallo! Ich bin die berühmt-berüchtigte „Miss G“. Sie dürfen aber auch gerne „Fräulein Gewohnheit“ zu mir sagen. Das ist mir sowieso viel lieber. Den ominösen Namen „Miss G“ habe ich meinem Chef zu verdanken. Vielleicht kennen Sie ihn? Es ist der Herr Naund, seines Zeichens Geschäftsführer vom allseits bekannten Großkonzern „Usus GmbH & Co KG“. Er lässt eben nichts unversucht, um mich „ordentlich zu vermarkten“, wie er immer betont ... die Leute sollen „Angst“ vor mir haben ... und „Fräulein Gewohnheit“ sei ihm nicht bedrohlich genug, dem feinen Herrn! Ich denke mir mein Teil und sage nichts dazu. Wozu auch. Ich brauche ja schließlich den Job. Und es gibt ja wohl kaum einen sicheren Job als diesen. Wissen Sie, in unserer Branche kennen wir keine „Krisen“. Im Gegenteil, die Nachfrage reißt nicht ab, und der Markt anfälliger Menschen ist auch in den bald 15 Jahren, in denen ich diesen Job mache, stets gewachsen.

Wie auch immer. Ich sage Ihnen! Mein Alltag ist ein wahrer Genuss! Ich befalle die Menschen wie ein Virus (und das tue ich immer von hinten... wie übel, nicht!?).

Sie finden, dass ich gar nicht gruselig aussehe? Ja, das stimmt! Und genau das ist mein Vorteil ... die meisten Menschen unterschätzen meine Macht, das erleichtert meine Arbeit ungemein. Sie müssen wissen ... unter meinen Armen verbirgt sich mein Geheimnis ... (blättern Sie nur um!)

Sehen Sie! Nun sind Sie sprachlos! Ich habe nämlich samtweiche fledermaus-ähnliche Flügelchen. Die lege ich völlig unbemerkt und sanft um meine Opfer. Dann hauche ich ihnen meinen „G-Spruch“ direkt ins Unterbewusstsein, warm und durchdringend.

Ich bin ein Profi. Bei mir können Sie sicher sein, eine stets unveränderte Qualität zu bekommen, denn beim Einhauchen der Worte arbeite ich mit einer exakt gleichen Intensität, fast wie eine sanfte Brise: „Das ist normaaaaaal, ganz gewöööhnlich, niiiiiicht erwähnenswert".

Erhart war ein leichtes Opfer. Er ist einer meiner besten Kunden.

Als ich ihn das erste Mal sah, erkannte ich sofort sein Potential: „Ein Gesicht ohne Licht"...
Und nun ist er mir ausgeliefert. Herrlich! Und ... er wird immer besser! Ach! Ich liebe ihn! Er findet alles so erfrischend normal, ein Genuss!

Anmerkung der Autorin

Ich habe eine angeborene Abneigung gegen folgenden Satz: „Na und!? Das ist ja schließlich sein Job!" ... Und ist daher nicht erwähnenswert?! Mag sein, dass es sein „Job" ist ... aber vielleicht führt er diesen „Job" ja grade besonders gut aus? Und bricht somit aus der NORM aus? Wieso ist es dann NORM-al? Das passt für mich nicht zusammen. Hm!?

Erwin hingegen macht mich fertig! An ihm beiße ich mir die Zähne aus! Ich weiß nicht warum, aber ich komme nicht an ihn ran. Er bemerkt sofort; wenn ich mich ihm nähere und dann wehrt er sich ganz bewusst gegen meinen „G-Spruch": Das bekomme ich deutlich zu spüren. Schließlich schmettert er ihn mir wie eine Ohrfeige ins Gesicht zurück!

Ach was soll's, der Typ ist einfach nicht meine Welt, ehrlich! Der ist mir zu „aufsaugig"! Manchmal habe ich das Gefühl, dass seine Augen Schwämme sind, mit denen er ständig positive Dinge aufsaugt. Der ist sich irgendwie ständig am Begeistern, wie ätzend! Ich glaube, dass ich mich bald geschlagen geben muss. Ist mir doch egal, was mein Chef dazu sagt, der Erwin ist einfach nicht zu knacken!

3. Kurzgeschichte
„Eine ver-rückte Idee“

In dieser Kurzgeschichte erfahren Sie, welches die wichtigste Aufgabe einer Führungskraft ist...

„Erhart drückt"

Erhart liebt das von ihm so mühevoll erstellte Aufbauorganigramm der Firma. Er genießt es zu sehen, dass ER da angekommen ist, wo er immer sein wollte: ganz oben! Mit viel Hingabe hat er damals an der grafischen Darstellung gearbeitet. Als das Werk dann fertig war, hat er sofort eine extra große Ausführung anfertigen lassen. Nun ziert das Meisterwerk seine Bürowand in überdimensionaler Größe.

„So wird er täglich daran erinnert, wie mächtig er ist", tuschelt manch ein Mitarbeiter hinter vorgehaltener Hand. Man würde bei dem Chef ja deutlich spüren, dass er „da oben sitzt", schließlich käme ja so viel Druck von dort! Doch das fatale Trauerspiel der Firma liegt in der Druckmultiplikation ... kaum auszuhalten! Ein Dominoeffekt der unschönen Art ... vor allem für die operativen Mitarbeiter, die ganz unten, sozusagen am Ende der Druckkette, stehen. Es werden also jene Menschen mit Druck „platt gemacht", die letztlich die Nähe zum Kunden haben.

Der schlimmste Tag für die Mitarbeiter ist immer der Dienstag. Das ist der Tag, an dem die Abteilungsleiter ihr Wochenmeeting mit dem Big Boss haben und in der Regel „ordentlich was auf den Deckel" bekommen. Die Mitarbeiter wissen längst, dass dieser Druck postwendend und unverändert an sie weitergegeben wird!

Aber keiner dieser Mitarbeiter würde seine Verzweiflung darüber jemals äußern. Sie kennen es nicht anders und haben sich längst damit abgefunden. Und wenn der Alltag sie mal wieder mit Situationen konfrontiert, bei denen sie sich nichts sehnlicher wünschen würden als eine stützende Hand, dann machen sie einfach weiter, so gut sie können, weil sie ganz genau wissen, dass sie keine Unterstützung bekämen. Doch in diesen Momenten fallen sie meistens in eine leichte Depression: dem „Druck-Blues", wie sie diese Stimmung liebevoll betitelt haben. Gemeint ist jene Stimmung, bei der sich die Mitarbeiter so alleingelassen und ohne Halt fühlen, doch zugleich den deutlichen Druck spüren, dass von ihnen ALLES erwartet wird. Und dann versuchen sie, ihn wieder zu bewältigen, den Gefühlsspagat zwischen Druckausgleich und Haltlosigkeit. Sie sollen ganz einfach Ergebnisse liefern, Ergebnisse und sonst nichts.

Nichts fragen, nichts vorschlagen, einfach tun. „Nur, wer hart zu sich selbst und zu anderen ist, hat Erfolg“. Das ist Erharts Motto.

Und er hat ein verdammt gutes Gefühl. Er weiß eben genau, dass er alle Erfolgsmerkmale berücksichtigt und jeden Bereich ordentlich strukturiert hat. Ein Bilderbuch Organigramm, getreu der Regel von „top to down“, wie man heutzutage sagen würde.

Abends, wenn er sein Büro verlässt, wirft er stets einen bewussten Blick auf SEIN Aufbauorganigramm. Er spürt dabei diese wohlige Gewissheit, dass er alles richtig macht. Stolz blickt er noch auf seinen perfekt aufgeräumten Tisch, knipst das Licht aus und geht.

„Erwin stützt"

Erwin sieht das anders. Er hat das Aufbauorganigramm, im wahrsten Sinne des Wortes, „auf den Kopf gestellt" und hat damit, nach anfänglicher Skepsis einiger Abteilungsleiter, eine völlig neuartige Unternehmenskultur geschaffen.

„Die Führung kümmert sich darum, dass alle Beteiligten die nötigen Mittel, Fähigkeiten und Werkzeuge haben, um diesem Anspruch gerecht zu werden.
Das Bestreben der Führung: sorgenfreie Mitarbeiter."

Wie kam Erwin auf diese ver-rückte Idee, das Organigramm „einfach auf den Kopf zu stellen"?

Nun, er hatte von jeher das Gefühl, dass seine Funktion und Verantwortung überwiegend darin besteht, die Mitarbeiter zu „stützen". Er hatte ja ziemlich ehrgeizige Ziele und einen entsprechend hohen Anspruch an seine Crew. Die Mitarbeiter mit allen Mitteln zu versorgen, die sie benötigen, um genau diesen Ansprüchen gerecht werden zu können, war daher sein eigener Anspruch und Bestreben.
Und ... zu diesem „Gefühl" passte einfach kein „konventionelles" Aufbauorganigramm, bei dem die operativen Mitarbeiter ganz unten stehen. Vor allem, weil das ja zugleich bedeuten würde, dass die Kunden ebenso ganz unten stünden, da diese ja schließlich dem operativen Mitarbeiter gegenüberstehen. Er verspürte daher den unwiderstehlichen Drang, „das Ding" einfach umzudrehen ...
Sein ganz persönliches Verständnis von „Führung" stellte er einst mit folgender Zeichnung dar:

Anmerkung der Autorin

Erwins ver-rückte Idee, das Organigramm „einfach auf den Kopf zu stellen", ist laut Teilnehmern meiner Seminare und Lesern meiner Artikel einer meiner einprägsamsten visuellen Anker!
Viel Spaß beim Unter-STÜTZEN!!!

Erharts Mitarbeiter

Erharts Mitarbeiter kriegen ständig Druck von oben und spüren keinen Halt ... das hinterlässt natürlich Spuren.

Wenn sie vor einem Kunden stehen, um seine Wünsche entgegenzunehmen, sehen sie meistens so aus:

... kein so toller Anblick für sein Gegenüber, oder?

Erwins Mitarbeiter

Erwins Mitarbeiter haben alle Mittel und Fähigkeiten vermittelt bekommen, die sie benötigen, um die gemeinsamen Ziele zu erreichen … das hinterlässt natürlich Spuren.

Wenn sie vor einem Kunden stehen, um seine Wünsche entgegenzunehmen, sehen sie meistens so aus:

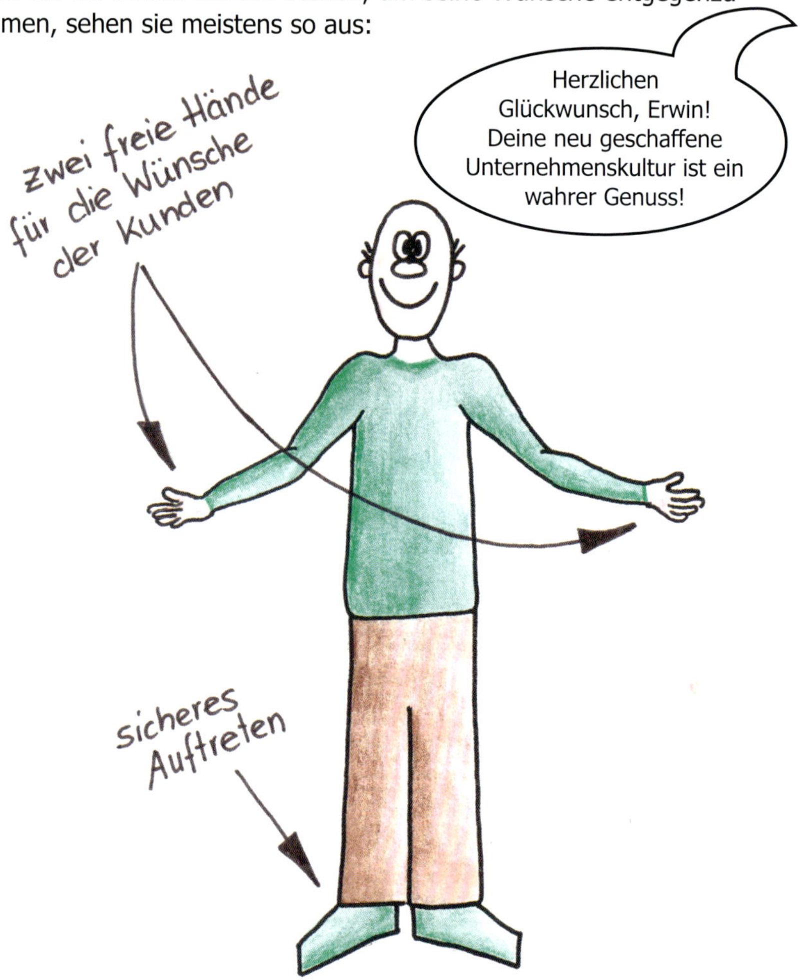

… ein toller Anblick für sein Gegenüber, oder?

4. Kurzgeschichte
„Mit diesen Pappenheimern!?"

In dieser Kurzgeschichte erfahren Sie, wie Sie als Führungskraft mit Aufgaben umgehen können, die nicht zu Ihrer Zufriedenheit erfüllt wurden ...

„Erhart ärgert sich"

Erhart ärgert sich über alle Maßen. Ist er denn nur von Idioten umgeben?! Dabei waren die Vorgaben, die es zu erfüllen galt, doch mehr als deutlich von ihm angeordnet worden. Und nun das! Mickrige, halbvertrocknete Früchte trägt der Baum! Saftig sollten sie sein! Saftig und rot, verdammt noch mal! Das wird Konsequenzen haben ... aber hallo! Das wird ein Donnerwetter geben, das sie ihr Lebtag nicht mehr vergessen. Mit mir nicht!

Wir halten fest:

- Erhart ist extrem verärgert.
- Die Mitarbeiter sollten dafür zu sorgen, dass der Baum saftige Früchte trägt. Das hat aber offensichtlich nicht geklappt, denn Erhart sieht keine einzige saftige Frucht ...
- Noch nicht einmal das Erinnerungsschild mit der Aufschrift „TUN!", das er extra aufgestellt hatte, hat geholfen. Denn ... man sieht es ja deutlich am Ergebnis! Diese Vollpfosten haben es eben nicht GETAN!
- Erhart steht kurz vorm Herzinfarkt.
- Er fragt sich, wieso immer er so viel Pech mit den Mitarbeitern hat.
- NIE halten sie sich an die Abmachungen. NIE tun sie, was man ihnen sagt!
- Er ist völlig verzweifelt. Wie soll er es mit diesen Pappenheimern jemals zu was bringen?

„Erhart Rumpelstilzchen“

... armer Erhart!

„Erwin forscht"

Erwin lebt unter demselben Himmel wie Erhart, und auch er wird im Alltag durchaus mit Situationen konfrontiert, die ihm nicht wirklich gefallen. Situationen, in denen er schmerzlich feststellen muss, dass es einen Unterschied gibt zwischen dem, was er erwartet oder auch gefordert hatte, und dem, was er letztlich als Ergebnis erhält.
Doch Erwin, der sich für eine unterstützende Haltung seiner Mitarbeiter entschieden hat, will sich nicht „ärgern", sondern wählt einen ganz anderen Ansatz.
Er hat sich einen „Trick" zugelegt: Immer, wenn er kurz davor ist, sich über ein unzureichendes oder gar fehlendes Ergebnis zu ärgern, fragt er sich schnell: „Warum hat es nicht geklappt?". Und ruckzuck wird aus Ärger Interesse.

Das unangenehme Gefühl „oberflächlicher Wut" (welches er noch von früher kannte) verschwand fast vollständig. Fortan verspürte er den unwillkürlichen Drang, „in die Tiefe zu gehen". Grad so, als müsse er unbedingt „tief in die Erde eindringen", um die Stelle, an der die Wurzeln des „Baumes" kein Wasser bekommen, genau zu orten. Denn schließlich hatte ja auch Erwin, ebenso wie Erhart, festgestellt, dass sein „Baum keine saftigen Früchte" trägt!

Die „Technik", die er dafür nutzte, war ebenso bekannt wie simpel: Er suchte das Gespräch mit dem betroffenen Mitarbeiter. Jedoch, statt ihn anzubrüllen (was er, ehrlich gesagt, manchmal sehr gerne gemacht hätte!), verkündete er ihm, dass er einfach „verstehen" möchte, woran die Sache scheitert, und fügte hinzu, dass er dafür dessen Meinung und Sicht anhören wolle. Letztlich ging es darum, eine für alle Beteiligten frustrierende Lage zu lösen.

„Warum?!"

Er beobachtete, dass das Gerüst dieser Gespräche aus Fragen bestand, und dass er fast immer dieselben Fragen stellte:

- „Warum klappt es nicht"?
  (sprich: „Warum tust du nicht, was du tun solltest?")
- ... das war sozusagen die „Eröffnungsfrage"

Die anderen Fragen folgten im nahezu gleichen Atemzug:

- „Willst du es nicht?" oder „kannst du es nicht?"
- „Fehlen dir die nötigen Werkzeuge oder Informationen?!"
- „Fehlt dir Wissen auf dem Gebiet? Sollen wir nachschulen?!"

Doch all diese Fragen zielten letztlich in eine und dieselbe Richtung:

- „Was kann ich für dich tun, damit es in Zukunft klappt?!"

Und je nach Fall gab es dann die unterschiedlichsten Versionen:

- „Welche Werkzeuge oder Mittel brauchst du noch von mir, damit es in Zukunft klappt?" „Was muss geschehen, damit du dich in Zukunft mit der Sache identifizieren kannst?" etc. etc.

Diese „Fragerei" gab ihm zwar den Kosenamen „Erwin, der Forscher", doch sie verschaffte ihm Dynamik (und ich denke wir sind uns einig ... das ist allemal besser als „Erwin, der Choleriker").
Manchmal hatte er das Gefühl, mit diesen Fragen in ein Wespennest gestochen zu haben, und die Gespräche dauerten selten unter einer Stunde.
(!) Doch vor allem beobachtete er, dass die jeweiligen Mitarbeiter selbst, und teils zum ersten Mal, konzentriert nachdachten, um ihm konkrete Gründe nennen zu können, die sie davon abhalten, das vereinbarte Pensum zu erfüllen.

Als Erwin einst von einem jungen Abteilungsleiter gefragt wurde, wie er es schafft, auch bei den größten Pannen so ruhig zu bleiben, antwortete er: „Wer sich zu viel ärgert, mein lieber Jochen, kriegt einen Herzinfarkt. Ich ziehe es vor, Wurzeln zu erforschen". Der irritierte Blick des jungen strebsamen Menschen motivierte Erwin kurzerhand, seine Worte in Bilder zu fassen, und es entstand folgende Skizze ...

„Erwin der Forscher“

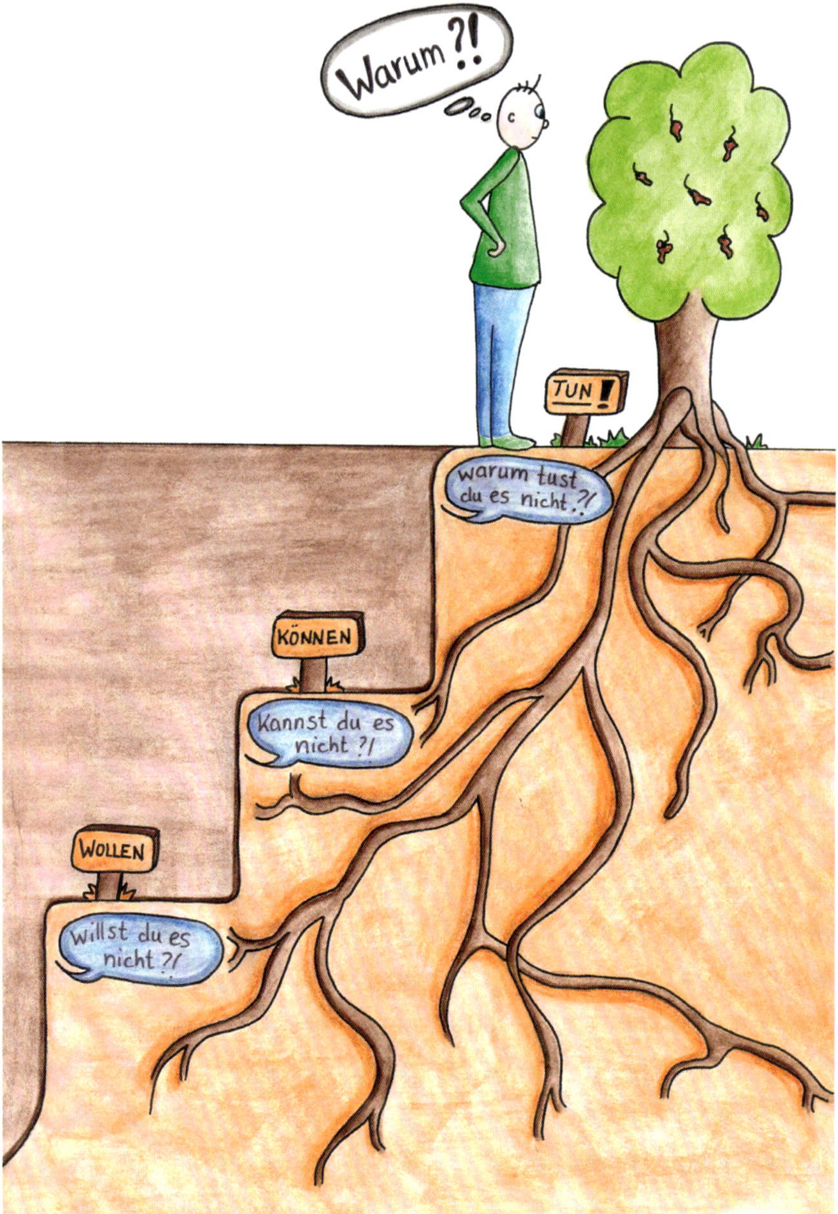

In dieser Kurzgeschichte erfahren Sie, aus welcher Quelle Kampfgeist entspringt ...

„Moments of disaster" sind nichts für Erhart. Sie zwingen ihn in die Knie. Es ist nicht so, dass er ihnen nicht gewachsen wäre auf der rein rationalen Ebene, jedoch emotional bringen sie ihn um. Er hat einfach diesen unaufhaltsamen inneren Drang, immer nur die negativen Partikel einer Lebenssituation aufzusaugen. Vorfälle, die zwar kritischer, aber keinesfalls dramatischer Natur sind, werden in seinem Kopf zu wahren Horrorszenarien. Szenen, die sich nächtens zu Wort melden, um ihn zu quälen. Situationen, in denen der Lieblingsspruch seiner Frau (auf den er gerne verzichten würde, zumal er sich immer fragt, woher sie diese blöde Metapher hat!?) nicht lange auf sich warten lässt: „Erhart, wenn man dir in jede Hand eine Fahne geben würde, eine mit einer Sonne drauf und die andere mit tiefschwarzen Wolken, dann würdest du nur die Fahne mit den Wolken anstarren!" Er hat schon längst aufgegeben etwas zu erwidern. Dabei hat er sie schon oft gefragt: „Wieso sollte ich, in Gottes Namen, irgendwo stehen und zwei Fahnen halten?". Doch mit dem, was sie meint, hat sie leider Recht. Und nur das ist es, was ihn letztlich ärgert.

Herzlich Willkommen zum Projekt: „Kollektives Aufgeben"
(gefördert vom Chef persönlich)

Erharts leicht nostalgische Tendenz ist alles andere als „Hart & Partner-tauglich", doch er bekommt sie nicht in den Griff. Die schlimmsten Momente durchlebt Erhart immer dann, wenn das Erreichen der Zahlenziele ins Schwanken kommt. Zum Gefühl der blinden Wut über die grottenschlechte Leistung seiner Mitarbeiter gesellt sich auch noch das Gefühl von Angst. Eine gefährliche Mischung.
Jeder Versuch, es zu vertuschen, scheitert dann immer kläglich … denn seine Worte mutieren zu Parolen, die ganz offensichtlich auswendig gelernt und daher aufgesetzt sind. Spürbar und folgenschwer. Denn … sein Körper sondert unaufhörlich unbewusste Signale ab, ganz kleine, kaum sichtbare Signale der Verzweiflung.
Der wahrhaft kritische Augenblick ist letztlich aber der, bei dem die Mitarbeiter deutlich spüren: „Der Mann hat extreme Bedenken. Er selbst glaubt nicht daran, dass wir es schaffen". Das ist dann der Zeitpunkt, bei dem sich eine Stimmung des kollektiven Aufgebens wie ein unsichtbares Lauffeuer ausbreitet. Nun stehen ALLE in den tiefschwarzen Wolken, denen Erhart kurz zuvor zum Opfer gefallen ist. An so was wie „Licht" ist in solchen Momenten kaum zu denken, geschweige denn an einen Versuch, eines zu suchen …

Ein Tal des Grauens. Und alle, einschließlich Erhart, flüstern leise im Chor: „Ja, nimm mich, befalle mich … mit Haut und Haaren!", und fügen als Refrain hinzu: „Es macht keinen Sinn, weiter zu kämpfen und ich sehe keinen Ausweg. Ich gebe mich geschlagen!".
Der Montag kommt, und es folgt der Dienstag, danach der Mittwoch, der Donnerstag und ... sie schleppen ihre müden Körper täglich ins Büro … und an jedem Schritt, den sie so elanfrei gehen, erkennt man deutlich, dass ihnen der Refrain, in einer leicht veränderten Version, noch immer in den Knochen steckt. „Es macht zwar keinen Sinn weiter zu kämpfen und ich sehe ja auch keinen Ausweg und gebe mich sowieso geschlagen, aber ich gehe trotzdem mal ins Büro …".

Herzlich Willkommen beim Projekt: „Kollektive Kampfansage"
„Godfather of Funke" kümmert sich höchst persönlich um die Initialzündung

Erwin hat sich besser im Griff. Das bedingungslose Kämpfen ist zudem einer seiner Werte, insbesondere dann, wenn man nicht in die Knie gehen, sondern über sich hinaus wachsen sollte. Doch das geht NUR, wenn man sich bewusst dagegen stemmt. In Theorie eine extrem leichte Übung, in der Praxis aber für viele extrem schwer ...

Erwin schaut aus dem Fenster: „Was läuft schief? Was ist es? Was?" Die aktuellen Verkaufszahlen, die er soeben bekommen hat, sind „alarmierend". Sein Blick ist konzentriert. Er denkt nach ... Er muss das tun, denn er muss sich ablenken!!! ... Er spürt nämlich, dass die Wut in ihm hochkommt ... oder ist es Verzweiflung? Egal ... „nachdenken, nachdenken", denkt er „hm... hm... unterstützen und forschen ... meine Leute unterstützen und nach Lösungen forschen ... ja, nichts anderes ist jetzt mein Job". Er weiß zwar überhaupt nicht, ob ihm das gelingen wird, aber eines weiß er sicher: er ist <u>kein</u> Opfertyp.

Aber nicht nur das ... ER ist ja gewissermaßen der „Godfather of Funke" ... „solange das Feuer in mir noch brennt, wird es mir auch gelingen, ein Fünkchen Hoffnung zu verbreiten". Ein kurzes Hinfühlen verschafft ihm Gewissheit: „Hm... das Feuer in mir brennt noch ... ein Lauffeuer der Zuversicht im Team zu entfachen, ist also durchaus möglich". Die Wut ist weg. Die Verzweiflung ebenso.

Eine Mail an die Abteilungsleiter ist ein kluger erster Schritt... Betreff: „Alarmierende Verkaufszahlen - Krisensitzung heute Nachmittag um 15:00 Uhr". Nein, kleiner Scherz. Den Betreff wählt er natürlich NICHT.

Betreff: Tatendrang

Liebes Kernteam der Win & Partner GmbH,

Wir alle wissen ... die aktuellen Verkaufszahlen sind ernüchternd. Ich glaube aber fest daran, dass wir gemeinsam herausfinden werden, woran das liegt. Zu diesem Zweck schlage ich ein Treffen um 15:00 Uhr im Besprechungsraum vor. Als Vorbereitung reicht ein gedankliches Einstimmen. Es geht zunächst darum, die Probleme zu orten, um darauf aufbauend effektive Lösungen zu erarbeiten.

Gerade jetzt ist unser aller Einsatz besonders gefordert. Es sollte mich doch sehr wundern, wenn es uns nicht gelingen sollte, das Ruder noch rumzureißen.

In diesem Sinne, auf geht's!
Erwin Erwähnermann

Kaum hat er die Mail losgeschickt, hüpft „Klein-Teufelchen" auf seine Schulter, um ihn zu prüfen.

„Geh! Du Lügenbold! „Ich glaube aber fest daran, dass wir gemeinsam herausfinden werden, woran das liegt". Pah!, dass ich nicht lache! Die Hosen voll hast du, sonst gar nichts! Und verzweifelt bist du obendrein, was für ein Wunder, bei den Pappenheimern! Schmeiß sie raus, bevor du mit ihnen untergehst!"

Das war ein leichtes Spiel. Zeigefinger an den Daumen, „Schnalz!" und „Oh! weg ist er, der Kleine!"

Nein, Leute, Erwin belügt weder sich noch irgendjemanden. Er hat es einfach drauf. Er weiß genau, die Situation ist kritisch, der Himmel über ihnen hat viele „Wolken", jedoch reicht es ihm, es zu wissen. Er muss sie nicht auch noch anschauen!

Erwin fokussiert in solchen Momenten ganz andere Dinge … nämlich das, was er erreichen will. Die Wolken blendet er bewusst aus. Ganz bewusst. Die Mitarbeiter wiederum fokussieren ihn, und sie spüren deutlich, dass ihr Chef „Licht sieht" …
Der Montag kommt und es folgt der Dienstag, danach der Mittwoch, der Donnerstag und ... sie rudern unermüdlich weiter, weil sie raus wollen, „raus aus den Wolken … hin zum Licht!". Denn es ist zwar noch weiter weg und auch hart zu erreichen, doch sie wollen und werden es schaffen … das ist irgendwie allen klar.

Und sie freuen sich jetzt schon auf die Party, die sie dann feiern werden!

Anmerkung der Autorin

Glauben Sie mir! Dieser visuelle „Ich-sehe-Licht"-Anker hat sehr viel Kraft und eine ansteckende Wirkung! Das weiß ich aus eigener Erfahrung … Als Leitung der Spanienabteilung einer internationalen Marketingagentur kann ich wahrlich ein Lied davon singen, was es bedeutet sich gemeinsam mit einem Team durch eine Wirtschaftskrise zu kämpfen … Funktioniert allerdings nur, wenn man noch ein Lichtfünkchen sieht. Sieht man hingegen alles nur noch komplett schwarz, dann schafft ein "eingebildetes" Licht auch keine Abhilfe mehr …

6. Kurzgeschichte „Erwin und die Begegnung mit Meister Sam“

In dieser Kurzgeschichte erfahren Sie, warum manche Menschen die Kunst des Lobens beherrschen, andere hingegen es nicht können, wie Sie als Führungskraft eine durchweg konstruktive Stimmung im Team entfachen, wie Sie mit den ewigen Ausreden von Mitarbeitern umgehen und wie Sie Standards setzen können ...

Die seltsame Begegnung von Erwin mit Meister Sam war von extrem kurzer Dauer. Dass sie für Erwins beruflichen Alltag von zentraler Bedeutung sein würde, konnte er zu diesem Zeitpunkt noch nicht erahnen.
„Entschuldigen Sie, ist hier noch frei?" Noch nie zuvor hat Erwin eine so sanfte Stimme gehört. Er wendet sich von seinem Buch ab und schaut in das warmherzige Gesicht von einem Herrn. „Äh, ja! ... ich meine ja, klar!", stottert Erwin. Der smarte Herr setzt sich und stellt sich vor:

„Meister Sam". „Ungewöhnlich", denkt sich Erwin, der so etwas in einem Zug noch nie erlebt hatte. Doch noch viel ungewöhnlicher ist der Name, den er hört: „Meister Sam!?" Erwin vermutet eine fernöstliche Herkunft und mustert ihn unbemerkt. Doch er täuscht sich, denn vor ihm sitzt ein „ganz normaler Europäer". Grade will er sich wieder seinem Buch widmen, als ihn erneut ein paar dieser sanften Worte erreichen. Wohin die Reise ginge, hatte Meister Sam ihn gefragt und ihn dabei mit hochgezogenen Augenbrauen angelächelt. Sie kommen ins Gespräch, und die Zeit scheint still zu stehen.

Sie unterhalten sich über unzählige Dinge und Situationen des Lebens, als ob sie sich schon ewig kennen würden. Doch plötzlich steht er auf! Reißt ein Blatt vom Block ab und überreicht es Erwin mit den Worten: „Hier für Sie, als Erinnerung an unser Gespräch!"
Und weg ist er, als sei er
nie da gewesen.

Irritiert folgt ihm Erwin mit den Blicken, bis er sieht, wie der zierliche Mann am Ende des Bahnsteigs verschwindet, schaut dann, völlig perplex, auf den Zettel und sieht zwei Bilder: ein großes Auge und ein „rauchender“ (vermutlich „denkender“) Kopf. Rechts daneben die Unterschrift „Sam“. Unter dem Auge das Wort: „AUF“, unter dem Kopf das Wort „MERK“ und daneben der Name ... „AUF - MERK - Sam“ liest er und muss unwillkürlich lächeln.

Letztlich war es eine Zusammenfassung dessen, worüber sie sich unterhalten hatten. Und sie waren sofort einer Meinung gewesen, als sie feststellten, dass „aufmerksame Menschen" eine auffallend „lebendige Aura" haben. Vor allem bringen sie andere Menschen zum Staunen und treffen oft direkt ins Herz ... mit dem, was sie sagen, anmerken oder tun. Erwin hatte abschließend erwähnt, dass er gerne mal das „Geheimrezept" aufmerksamer Menschen entdecken würde. Und nun hielt er es in Händen. Ja klar! Das war es! In Gedanken sagte er sich: „Erwin, mach stets die Augen AUF und MERK' dir, was du siehst. Danach kannst du ganz entspannst entscheiden, ob oder wann du es ansprichst", und beendete seine Gedanken mit dem Lesen der restlichen Worte: „Liebe Grüße, dein Sam, Meister der Aufmerksamkeit, schön, dass wir uns getroffen haben".

(!) Übrigens, Erhart und Meister Sam sind sich nie begegnet!

Zuhause angekommen, war der Zettel das Erste, was er aus der Tasche nahm. Er schaffte es grade noch, den Mantel auszuziehen und schon saß er am Schreibtisch. Vor ihm der Zettel, in der Hand ein Bleistift. Und es ging ewig hin und her, ein ständiges Skizzieren und Radieren ... bis er in Händen hielt, was bis dahin in seinem Kopf herumschwirrte. Zufrieden lehnte er sich zurück.

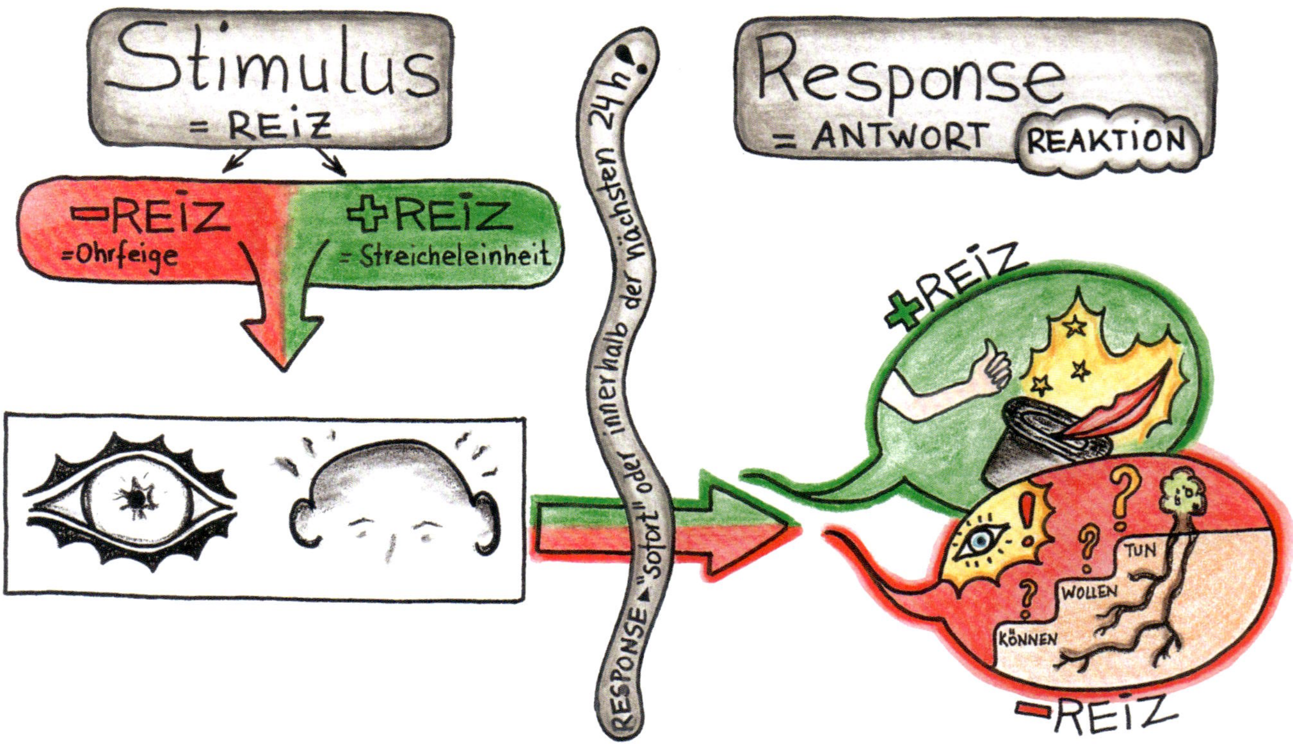
Stimulus
= REIZ
−REIZ
=Ohrfeige
+REIZ
= Streicheleinheit
RESPONSE ▸ "sofort" oder innerhalb der nächsten 24h!
Response
= ANTWORT
REAKTION
+REIZ
TUN
WOLLEN
KÖNNEN
−REIZ

Er hatte ja schon häufig davon gehört ... vom „Reiz-Antwort-Prinzip“ oder auch „Stimulus-Response-Modell“, doch nun konnte er es ganz anders „greifen“. Vor allem aber begriff er, dass aufmerksame Menschen klar im Vorteil sind, wenn es darum geht, so ein „Prinzip“ oder „Modell“ (das bisher immer so abstrakt auf ihn wirkte) mit Leben zu füllen. Denn im Grunde war es ja recht simpel: Wer einen Reiz mangels „Auge“ gar nicht erst erkennt, kann ja nicht „antworten“ oder eben reagieren. Seine ganz persönliche „Stimulus-Response-Darstellung“ fand also ihren Ursprung beim „AUFmerksamen Auge“ von Meister Sams Zettel. Denn, es empfängt Reize, ganz bewusst. Genau genommen zweierlei Reize: negative und positive ... je nachdem. Und eines war ihm dabei besonders wichtig: Besagtes „Auge“ sollte nicht nur die „negativen“, sondern auch die „positiven“ Reize wahrnehmen, um sie entweder sofort oder auch später erwähnen zu können. „Hm... erwähnen“. Erwin, mit Nachnamen Erwähnermann, ließ sich kurz ablenken: „Meine Vorfahren haben dieses Handwerk wohl auch schon beherrscht“. Und klar, eine Ahnenforschung hätte Aufschluss gebracht. Doch jetzt hatte er ganz andere Interessen. Er wollte sein „Baby“ beenden und begab sich wieder auf Reisen, mit dem Stift in der Hand.

„Die Antwort auf den Reiz muss nicht zwingend „sofort“ kommen, das kann durchaus auch zeitversetzt geschehen“, stellte er fest. „Jedoch solle man damit nicht zu lange warten, insbesondere dann nicht, wenn es ein negativer Reiz ist ... da die betreffende Person sonst die Details ihrer Handlung vergessen haben könnte und somit Schwierigkeiten hätte, genau diese zu erkennen, um sie zu optimieren“. Das war die Geburtsstunde der sogenannten „24h-Regel“, wie er sie dann taufte und als Schlangenlinie in seiner Skizze verewigte.

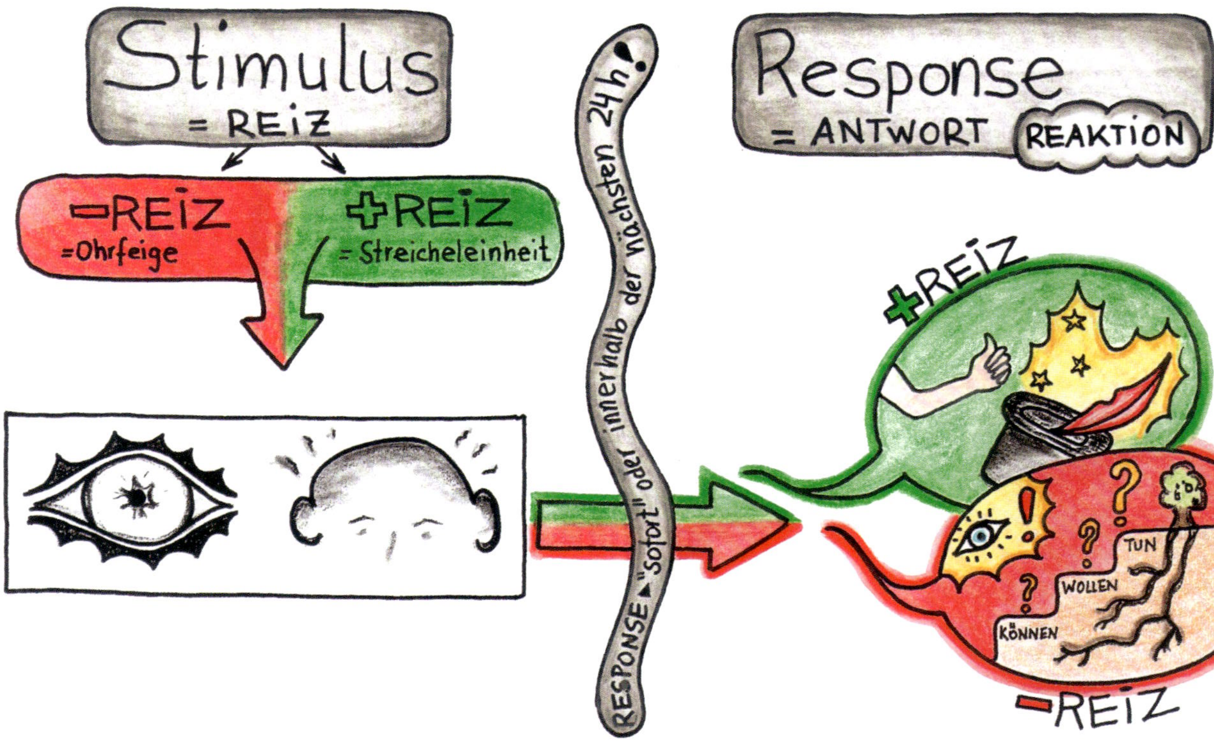
Stimulus
= REIZ
−REIZ
=Ohrfeige
+REIZ
= Streicheleinheit
RESPONSE ▸ „sofort" oder innerhalb der nächsten 24 h!
Response
= ANTWORT
REAKTION
+REIZ
TUN
WOLLEN
KÖNNEN
−REIZ

Nun konzentrierte er sich auf die Spalte rechts neben der „24h-Stunden-Schlange". Das Erste, was ihm dabei durch den Kopf schoss, war, dass die Reaktion in der Regel aus Worten besteht. Er schrie fast auf … „Ha! Jetzt hab ich's! Ein Reiz, der als erwähnenswert eingestuft wird, bekommt eine Antwort … kurz:

Die Antwort wird „erwähnt"! Über diese schlichte Erkenntnis freute er sich wie ein Kind und beschloss, dass es umso konsequenter ist, die „Erwähn-Aktionen" der „Response-Seite" seiner Skizze mit zwei „Sprechblasen" darzustellen. In der einen wird erwähnt, dass man den positiven Reiz empfangen hat und toll findet (womit man voraussichtlich ein Lächeln in das Gesicht des Gegenübers zaubern wird). In diese Sprechblase malte er daher eine anerkennende Geste im Sinne von „Daumen hoch!" und ein Lächeln, das aus einem Zauberhut kommt. Die andere Sprechblase hat ein Auge mit einem Ausrufezeichen, unter dem Motto: „Achtung! ich habe es sehr wohl bemerkt!" („… auch wenn ich ggf. nicht sofort darauf reagiert habe") und einen Baum, von dem man noch nicht weiß, warum er kein Wasser bekommt und deswegen die Wurzelsituation erforscht werden muss.

(!) Merke: die „Positiv-Reaktions-Sprechblase" und die „Negativ-Reaktions-Sprechblase" der „Response-Seite" sind gleich groß, weil sie „gleich-wichtig" sind und „gleich-häufig" angesprochen werden (sollten).

Anmerkung der Autorin

„AUF-MERK-same Leser“ haben sicher längst bemerkt, dass nun klar wird, wieso Erwin „Lächeln zaubern kann“, wenn er Dinge sieht, die ihm aufgefallen sind und gefallen haben (siehe Kurzgeschichte 1), und wieso er sich „so selten ärgert und lieber forscht“, wenn ihm etwas missfällt (siehe Kurzgeschichte 4). Lesern, die sich für die „Springtechnik“ beim Lesen der Kurzgeschichten entschieden haben und weder die Geschichte 1 noch 4 kennen, wird empfohlen, sich als nächstes eben diese zu Herzen zu nehmen.

„Die Ohrfeige"
(Vorwort der Autorin zur Kurzgeschichte in der Kurzgeschichte)

Stellen Sie sich mal vor, Sie bekämen eine Ohrfeige. Würden Sie reagieren? Vermutlich ja. Entweder würden Sie sich wehren, weglaufen oder beginnen zu weinen ... Dass Sie gar nicht reagieren und sich so verhalten würden, als wäre alles ganz normal, erscheint äußerst unwahrscheinlich, nicht wahr? Wieso kann es dann sein, dass ich Führungskräfte gesehen habe, die von ihren Mitarbeitern eine „Ohrfeige" bekommen, aber nicht reagiert haben!? Null, niente, cero, no response! „Wie?! Ein Mitarbeiter hat seinem Chef eine Ohrfeige gegeben? Das glaube ich nicht, und wenn, dann wären seine Tage sowieso längst gezählt!" Ich verstehe, dass Sie das jetzt denken. Ich denke aber grade nicht an eine Ohrfeige im herkömmlichen Sinne, sondern an eine „andere" Ohrfeige. Die Backpfeife, die ich meine, ist eine Metapher. Ich wähle sie, wenn ich über „negative Reize" spreche. Wie sie zum Beispiel ein Mitarbeiter auslösen würde, der eine gemeinsam vereinbarte Abmachung einfach nicht einhält. Das Verhalten dieses Mitarbeiters ist letztlich vergleichbar mit einer „Ohrfeige" ins Gesicht des Vorgesetzten. Reagiert dieser nicht ... ist irgendwas faul. Ein unzureichend ausgebildeter Reflex etwa, der krankhaft ausbleibt.

Erhart bekommt eine Ohrfeige

(Die Kurzgeschichte in der Kurzgeschichte)

Es ist 15:00 Uhr. Erhart druckt sich die aktuellen Verkaufszahlen aus. Der Drucker steht im Empfangsbereich der Firma. Er steht auf, mit dem Ziel, die Formulare zu holen. Am Empfang sieht er folgende Szene: Eine launische Empfangsmitarbeiterin, die einem Kunden ungeduldig und hektisch erklärt, dass sie nichts dafür kann, dass seine Lieferung noch nicht angekommen ist. Und sie fügt hinzu, dass sie sich nicht um den Job ihrer Kollegen kümmern kann. Sie drückt dem verunsicherten Kunden einen Zettel mit einer Telefonnummer in die Hand und sagt ihm, dass er ja dort anrufen könne, wenn er wolle. Vielleicht würde er ja dort Näheres erfahren. Zeitgleich nimmt Erhart die Blätter aus dem Drucker, findet, was er miterleben musste, furchtbar, entscheidet aber dann, dass es nicht gut ist, seine Mitarbeiterin vor dem Kunden auf ihr Fehlverhalten aufmerksam zu machen und geht zurück in sein Büro.
19:00 Uhr. Erhart macht den Computer aus und geht (nicht, ohne vorher wie gewohnt stolz auf sein Aufbauorganigramm geschaut zu haben) heim. Die Empfangsmitarbeiterin hat schon seit 17:00 Uhr Feierabend. Obgleich Erhart das unprofessionelle Verhalten der Rezeptionsmitarbeiterin gesehen hatte (... die „Ohrfeige" ging mit voller Kraft ins Gesicht), wurde der Vorfall weder am selben noch am nächsten Tag angesprochen. Er hat eine Ohrfeige bekommen und hat nicht reagiert!

„Sofort zu reagieren", war ihm nicht möglich gewesen, das hatte er ja völlig richtig erkannt, der gute Erhart (herzlichen Glückwunsch an dieser Stelle! Wurde ja auch Zeit, denn normalerweise kann er sich nicht so beherrschen und plärrt in der Regel sofort los, ganz egal, wer da sonst noch alles so steht ...). Damit hat er zumindest die Chance genutzt, nicht auch noch „Öl ins Feuer zu gießen". Nicht genutzt hingegen hat er die Chance, sich den Vorfall zu „MERKen". Wäre Erwin in der Nähe gewesen, hätte er ihm zurufen können: „Reagieren, Erhart! Auf Ohrfeigen **musst** du reagieren!", und hätte dann noch hinzugefügt: „Und wenn es nicht sofort geht, dann eben später, aber niemals nie!!!"

Ja, der Erwin, der weiß es eben. Keine Reaktion = „tolerieren“ und „tolerieren“ = „akzeptieren“.

Doch Erwin und Erhart kennen sich nicht, und daher ist die Vorstellung, dass Erwin Erhart irgendetwas zuruft, völlig sinnlos. Wie auch immer ... es ist wie es ist: Ohrfeigen wie diese lauern überall und dauern in der Regel nur Sekunden. Erhart erwischen sie zumeist im denkbar blödesten Moment. Sie sind wie Kiesel auf dem Weg. Einzeln findet sie Erhart nicht bedrohlich und obendrein mühselig aufzuklauben, doch in der Summe wird er sie kaum mehr beseitigen können. Wenn er die einzelnen Kieselsteinchen nicht täglich wegräumt (die einen sofort und die anderen später), wird er bald im Kiesberg versinken.

„Die Streicheleinheit“
(Nachwort der Autorin zur Kurzgeschichte in der Kurzgeschichte)

Stellen Sie sich nun vor, Sie bekämen eine Streicheleinheit und würden nicht darauf reagieren. Auch das wäre äußerst selten, nicht wahr?

SCHLUSSBEMERKUNG:

Wer gar nicht reagiert, ist krank (oder tot).
Wer ausschließlich auf negative Reize reagiert, ist verbittert.
Wer ausschließlich auf positive Reize reagiert, ist unsicher.
Wer ausgewogen auf alle Reize reagiert, ist klar im Vorteil.

Anmerkung der Autorin

„Tolerieren heißt akzeptieren". Oder anders ausgedrückt, „Ohrfeigen tolerieren heißt Ohrfeigen akzeptieren"!!! Ich glaube, dass die meisten Führungskräfte unterschätzen, was sie anrichten, wenn sie diese goldene Regel nicht konsequent beherzigen. Doch wieso fällt es so schwer sie zu realisieren? Weil der Alltag viele Fallen stellt und die Führungskräfte meistens „Wichtigeres" zu tun haben, als „jetzt sofort oder innerhalb von 24 Stunden" (und in möglichst angebrachter Ton- und Wortwahl) zu reagieren.
Es wird auf „später" verschoben ... doch „später ist die kleine Schwester von nie". Dabei gibt es im Geschäftsleben kaum etwas Wichtigeres als dieses. Naja, vorausgesetzt man möchte gewisse Standards setzen. Möchte man das gar nicht?! ... dann kann man sich die Mühe sparen. Denn diese kleine feine goldene Regel ist in ausgeführter Form sehr mühevoll. Mühevolle Kleinstarbeit, die man (mal eben) nebenher, sprich als „Nebenjob" vom Hauptbusiness einer Unternehmens- oder Abteilungsleitung, konsequent erfüllen muss. Anders klappt es leider nicht. Aber wahrscheinlich heißt es ja deswegen FührungsARBEIT.

Übrigens... „Ausreden sind auch nur Ohrfeigen"

Erwin wünscht sich nichts sehnlicher als engagierte und aktiv mitdenkende Mitarbeiter, die nicht immer nur den Weg des geringsten Widerstandes gehen, wenn sie mal mit außergewöhnlichen Herausforderungen konfrontiert werden. Doch auch ihm wurde dieser Wunsch nicht immer erfüllt. Wenn er einen Mitarbeiter, der zum Beispiel eine Aufgabe völlig falsch oder unzureichend erfüllt hatte, zur Rede stellte, bekam er meistens nur eine ganze Armee von Gründen erläutert, die erklären sollten, wieso es nicht geklappt hatte. „Ausreden! Nichts als Ausreden!" hätte er ihnen dann am liebsten schreiend an den Kopf geworfen. Denn kaum etwas bringt ihn mehr in Rage als Mitarbeiter, bei denen er spürt, dass sie letztlich nur zu bequem sind, um über Lösungswege nachzudenken, geschweige denn, sich welche mühselig zu erarbeiten. Jene, die auf die Frage „warum haben Sie das nicht richtig erfüllt? KÖNNEN Sie nicht oder WOLLEN Sie nicht?" (s. Kurzgeschichte 4) eigentlich immer sofort „ich wollte nicht" antworten müssten ... (wenn sie denn 100% ehrlich wären...), da sie sehr wohl könnten ... aber sich NICHT bemühen bzw. anstrengen WOLLEN. Da ist es doch viel leichter, die Schuld auf die „ach-so-fürchterlichen" Umstände zu schieben. „Letztlich sind Ausreden dieser Art nichts als Ohrfeigen", dachte sich Erwin, als er sich mal wieder tausend Gründe anhören durfte, wieso Herr Huber die beim letzten Meeting beschlossene Kundenbefragung noch immer nicht durchgeführt hat. „Die Formulare seien veraltet und mit dem alten Logo der Firma versehen, und er habe ja schließlich nicht wissen können, welches nun das neue Logo wäre, ob das farbige oder das schwarz-weiße ... und zudem wäre es ihm wegen des neuen Softwareprogramms nicht möglich gewesen, die aktuelle Datenbank der Kunden abzurufen ..." Tja, und „da dachte sich eben der gute Herr Huber, dass es ja nicht so schlimm sei, wenn er die Kundenbefragung, die ja auch in den letzten 5 Jahren nie gemacht wurde, ein weiteres halbes Jahr später erst machen würde. Da bis dahin ja die obigen Probleme sowieso hoffentlich alle behoben wären". ... Dass bis dahin die Probleme wohl behoben wären? Von wem denn? Etwa von der guten **Problembehebungsfee***, die bei uns im Keller wohnt und tagaus, tagein darauf wartet, von verzweifelten und hilfsbedürftigen Abteilungsleitern gerufen zu werden?"

*Unglaublich aber wahr!
Es gibt tatsächlich Mitarbeiter, die noch immer an die Problembehebungsfee glauben und daran, dass sie im Keller der Firma wohnt und tagaus, tagein darauf wartet, von verzweifelten und hilfsbedürftigen Abteilungsleitern gerufen zu werden!

Mannomann!, was war Erwin sauer! Es hatte nicht viel gefehlt und dieser Gedanke wäre ihm mit Druck aus dem Mund geschossen. Doch dank der neuen extremen Gehirn-Sportart*, die er seit geraumer Zeit betreibt, gelang es ihm, die Wut-Energie gedanklich so umzulenken, dass daraus gezügelte Ruhe wurde.

Anmerkung der Autorin

Gemeint ist das **„Extrem-Umlenking"**, eine autosuggestive Disziplin, die den wenigsten unter diesem Namen bekannt sein dürfte. (Was logisch ist, schließlich ist die Namensgebung Erwins Erfindung ... und nicht jeder Leser kennt Erwin persönlich). Aber viele von Ihnen wissen vielleicht, sei es aus Erfahrung oder aus angeborenem Talent, dass es bei Situationen wie diesen besser ist, die momentane Fassungslosigkeit und die daraus resultierende Wut zu zügeln und die rein triebgesteuerte Kommunikation (die mit Sicherheit eine viel zu hohe Komponente an subjektiver Aussagen beinhalten würde) in eine bewusst gelenkte und sachliche Kommunikation umzuwandeln. Kein leichtes Unterfangen. Deswegen ordnet sie Erwin ja auch den Extrem-Gehirn-Sportarten zu. Es zu schaffen, ist nun mal extrem schwer und will auch nicht immer gelingen!

Doch zurück zu Herrn Huber, der auf die Frage der nicht durchgeführten Kundenbefragung Erwin lediglich mit einer ausführlichen Detailerläuterung der Gründe, warum etwas nicht klappt, gequält hatte (...Erwin hingegen hatte einen Maßnahmenkatalog erwartet!!!). Das Bild eines „heulenden Mannes" vor sich wuchs Erwin über den Kopf. Ein eines Abteilungsleiters unwürdiger Anblick! Erwin wusste nur zu gut: „Ein (in diesem Fall negativer) Reiz erfordert eine Reaktion", denn „tolerieren heißt akzeptieren". Er dachte kurz nach: „Wenn ich seine Ausreden einfach hinnehme und toleriere, habe ich verloren!". Aber, was tun? Wie könnte er denn seiner „Nicht Akzeptanz" Ausdruck geben? Losschreien? Das wäre zwar eine tolle Erleichterung für ihn selbst, aber ... würde er damit etwas ändern? Wohl kaum.

Intuitiv tat er zum ersten Mal etwas, was er später immer wieder anwenden würde:
Er schaute Herrn Huber an ...
... nutzte die Stille, um nachzudenken,
... konnte somit ein paar Mal gedanklich durchatmen,
... und seine Wut vom Siedepunkt bis auf Kühlschranktemperatur senken (Sekunden, die für Herrn Huber sicher gefühlte Stunden von Totenstille waren)
... und sagte dann, ruhig aber doch mit Nachdruck:

> „Herr Huber...
> erzählen Sie mir nicht,
> warum es nicht funktioniert,
> sondern was Sie dagegen tun werden"

Herr Huber wusste zunächst nicht so recht, was er antworten sollte und verfiel sofort wieder in alte Muster ... „Aber Herr Erwähnermann ... ich sagte Ihnen doch grad, das ging nicht, weil ich..."

Doch Erwin blieb ruhig und wiederholte seine Bitte:

„Seien Sie doch so nett und erläutern Sie mir nicht ständig die Gründe, die Sie davon abgehalten haben, die Aufgabe zu erledigen. Überraschen Sie mich mit Ideen, wie Sie diese lösen können.

Sie können sich doch sicher vorstellen, dass ich als ihr Arbeitgeber **nicht 100 Gründe** hören will, **wieso etwas nicht klappt**, sondern dass ich (von einem Abteilungsleiter) **100 Lösungen** hören möchte und erwarte.

Alles andere würde doch ein extrem schlechtes Licht auf Sie und ihre Abteilung werfen, finden Sie nicht?"

„Ähm, ja. Äh, so gesehen...", erwiderte Herr Huber, und Erwin sagte, ohne ihn auch nur den Hauch seiner Wut und Enttäuschung spüren zu lassen: „Na sehen Sie! Und wenn Sie das jetzt nicht sofort beantworten können, so bitte ich Sie, sich **konzentriert ein paar Gedanken zu machen und mir bis morgen Lösungen zu erläutern, mit denen Sie die bekannten Probleme aus der Welt schaffen wollen, einverstanden**?". Erneut Stille. Kurz darauf gab Herr Huber ein knappes „Ja, okay" von sich und verließ langsamen Schrittes und mit einem sichtbar nachdenklichen Gesichtsausdruck Erwins Büro ... Es war, als hätte er schon damit begonnen über Lösungen nachzudenken ...
Keinen Tag später kam Herr Huber mit einem kurzen Bericht der Maßnahmen, die er nun eingeleitet hatte, um die Kundebefragung durchzuführen, und Erwin erkannte, dass er mit seiner Reaktion bei Herrn Huber eine vorher nicht dagewesene Kreativität und ein Engagement ausgelöst hatte.

Fortan wandte Erwin diese Reaktionstechnik an bei jeder „Heulsuse" (= Mitarbeiter, die immer nur die Probleme aufzählen, ohne sich dabei auch nur im Ansatz Gedanken über die dazugehörigen Lösungen gemacht zu haben, weil sie noch an die Problembehebungsfee glauben)... und nach und nach... verschwanden alle „Heulsusen" aus seinem Team. Nein, nein!, nicht etwa, weil sie gekündigt wurden!
Es war vielmehr so, dass die meisten mit der Zeit ein zunehmend lösungsorientiertes Herangehen an Probleme wählten. Das entfachte mit der Zeit eine Kommunikationskultur, in der nicht die „Hemmschuhe", sondern Lösungsideen als konkrete Vorschläge den Ton angaben.

„Erhart sieht nur rot"

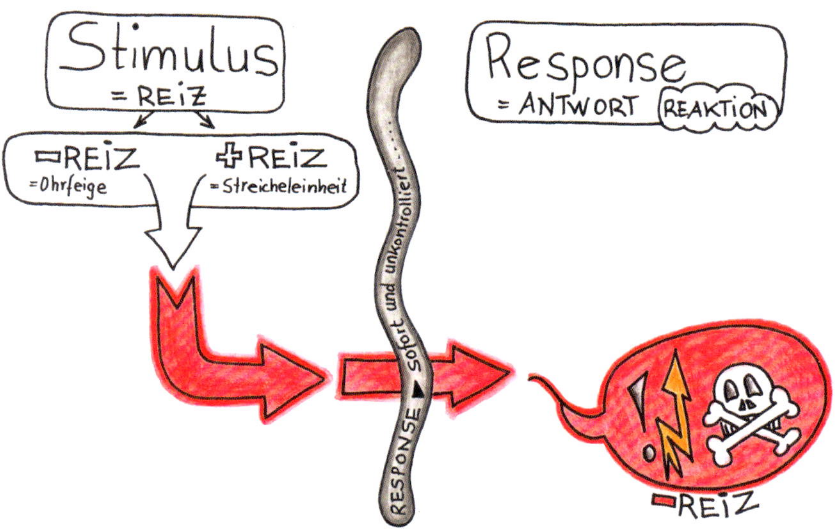

Übrigens ... Bei Erhart fehlt nicht nur die Aufmerksamkeitsformel von Meister Sam (den er ja nie traf) auf der „Stimulus-Seite", sondern auch die „Positiv-Reaktions-Sprechblase" auf der „Response-Seite". Seine Augen nehmen positive Dinge (sprich „Streicheleinheiten") einfach nicht bewusst wahr, und über seine Lippen kommt nie ein Lob (als „Reaktion auf eine Streicheleinheit") ... Mittlerweile weiß man auch warum: Er hat zu kleine Augen und einen zu schmalen Mund. Ein Pluszeichen (+) passt nicht durch derart schmale Schlitze ... Ein Minuszeichen (–) hingegen ist geradezu dafür geschaffen und passt ideal zu den Schlitzaugen und dem Schlitzmund. Wir sind alle sehr glücklich über diese Entdeckung, da wir nun endlich wissen, wieso Erhart immer nur die negativen Dinge sieht und anspricht. Doch stimmt es uns auch sehr traurig, so befindet er sich doch in einer ausweglosen Situation als Gefangener seiner Schlitze. Er verdient unser aller Mitleid.

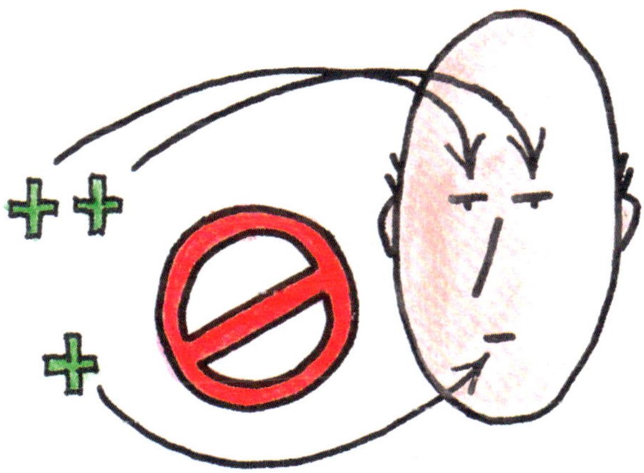

Erhart Stummermann
Diagnose: Gefangener seiner Schlitze

Notizen

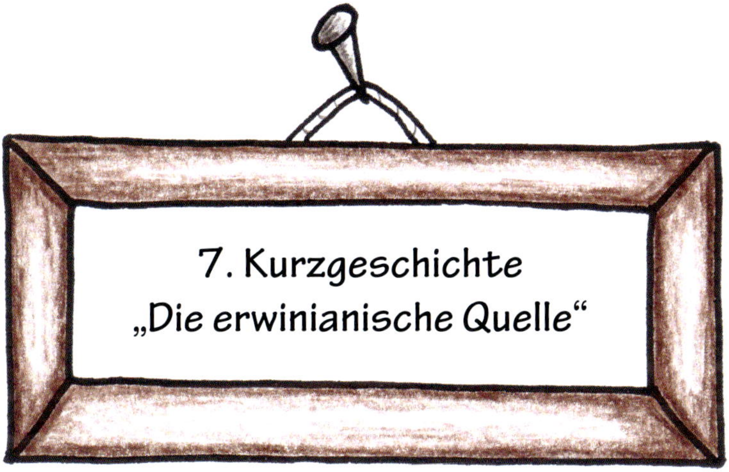

7. Kurzgeschichte „Die erwinianische Quelle“

In dieser Kurzgeschichte erfahren Sie, warum nicht jede Mitarbeiterfrage beantwortet werden sollte, und wieso das im kausalen Zusammenhang zum Grad der Selbstständigkeit Ihrer Mitarbeiter steht …

Es gab eine Zeit in Erwins Berufsleben, an die er sich nur ungern erinnert. Eine Zeit trügerischer Situationen. Immer wieder fiel er darauf rein, ohne auch nur zu erahnen, welche Konsequenzen das mit sich zog. Genau genommen waren es Fallen, und zwar der fiesesten Sorte. Verkleidet als Frage waren sie für ihn schier unmöglich zu entdecken. Mitarbeiter, die den Blick des begossenen Pudels beherrschten, standen verzweifelt in der Tür und stellten Fragen in einem herzzerreißenden Ton. Sie waren hilfesuchend. Sie kamen, um sich den weisen Rat des allwissenden Oberhauptes abzuholen.

Sofort ließ Erwin jede Arbeit, der er grade nachging, stehen und liegen, ganz egal, wie vertieft er bis dahin darin gewesen war, und widmete seine volle Aufmerksamkeit dem armen Mitarbeiter, um ihm zu helfen. Er wurde zur erwinianischen Quelle. Und nahezu jeder in der Firma, der diese unerträgliche Leere nicht mehr aushalten konnte und den unwiderstehlichen Drang spürte, seinen Ideendurst stillen zu müssen, ging zur Quelle im dritten Stock und nahm sich von dem guten Ideensaft. Erwin verwandelte sich nach und nach in das ausgelagerte Gehirn seiner Mitarbeiter. Eines Tages wurde er mit folgender Frage konfrontiert: „Herr Erwähnermann, was soll ich mit den leeren Tonerpatronen machen?" „Ja Herrschaftszeiten, sind denn hier alle blöde?", schoss es ihm durch den Kopf. Doch weiter kam er nicht, denn sein eingebauter moral-ethischer Mechanismus übernahm sofort das Kommando, und er beantwortete die Frage in der gewohnt geduldigen Art. (Denn man muss wissen: Einem Hilfesuchenden zu helfen, ist von jeher Erwins höchstes Gebot. Amen!): „Herr Schmidt, schauen Sie, die Tonerpatronen werden im Papierlager hinten links im Regal ganz unten in einem Karton mit der Aufschrift „leere Tonerpatronen" zwischengelagert. Wenn der Karton voll ist, wird er an den Hersteller zurückgeschickt." „Wo ist das Papierlager?" ... die Frage hatte noch gefehlt. Doch netterweise blieb sie Erwin erspart. Ein erleichterter Herr Schmidt zog ab, und zurück blieb ein Erwin, der eine ganze Weile brauchte, um sich in den Vorgang, den er vor der Unterbrechung grade begonnen hatte, wieder hineinzudenken. Doch diese schicksalhafte Frage der Tonerpatronen ließ ihm keine Ruhe. „Was soll ich mit den leeren Tonerpatronen machen!?" Erwin spürte, wie sehr ihn doch aufregte, dass man es überhaupt wagte IHN als CHEF mit so einer Frage zu belästigen: „Aufessen, Herr Schmidt! Essen Sie die Tonerpatronen einfach auf, dann sind sie weg". Meine Güte! DAS hätte ich ihm sagen sollen!, dachte er, doch musste er sich zugleich eingestehen, dass er selbst wohl die Hauptrolle in diesem ganzen Prozess übernommen hatte. Offensichtlich hatte er es zu weit kommen lassen ... Endlich bemerkte er, dass er mit seiner „Hilfsbereitschaft" ungewollt zur zentralen Wissensquelle der Firma geworden war und damit die Gehirnaktivität seiner Mitarbeiter zerschossen hatte. Nun aber hatte er die Schnauze voll! Er wollte nicht mehr die allwissende Quelle der Firma sein!

Im Höhepunkt seiner Erkenntnis beschloss er, bei der nächsten „blöden Frage eines Mitarbeiters" ganz anders zu reagieren ... Knallhart würde er ihm, achselzuckend und mit einer eleganten Gegenfrage, den „Frageball" einfach zurückwerfen.

Der nächste hilfesuchende Mitarbeiter ließ nicht lange auf sich warten. Da stand er mit seinem Frageball im Arm und dem hilflosen Dackelblick in der Tür...

und zack!,

schon landete der bunte Ball in Erwins Arm.

Doch „huch", zur großen Verwunderung des Werfers kam er genauso schnell wieder zurück, wie er hingeflogen war. Unbeantwortet. „Was meine Sie?", hatte Erwin ihn gefragt … und … hatte er sich verhört, oder hatte er tatsächlich dann noch „selber nachdenken macht schlau" hinzugefügt?!!!

... Fassungslos und empört stand der Hilfesuchende da, sein Pudelblick wich und machte Platz für einen Ausdruck blanken Entsetzens. Die Gedanken konnte man direkt von der Stirn ablesen: „Selber nachdenken?! Ja, womit denn? Ich hab doch gar kein Gehirn mehr? Ist doch mangels Nutzung weggeschrumpft?!"

Erwin ist ein „Winner" und heißt ja auch Erwin und nicht „Erantwort"! Schon gar nicht „Eralleinantwort", und seine Mitarbeiter haben doch ein mindestens genauso funktionsfähiges Gehirn wie er selbst. Schon klar, es ist weit bequemer, wenn ein anderer einem die Arbeit des Nachdenkens abnimmt. Aber Erwins Entschluss steht fest, er will ganz gezielt verhindern, dass die Gehirne seiner Mitarbeiter noch mehr verkümmern.

Unzählige Fragebälle flogen seitdem hin und her, bestückt mit Fragen und Gegenfragen, die äußerst selten eine „fertige" Antwort gaben und daher zum eigenständigen Denken anregten. Und mit der Zeit wurde aus der einst spontanen „Frageball-Idee" ein ganzes strategisches Vorgehensmodell, das täglich mit Leben gefüllt wurde. Erwin bemerkte schnell, dass er nicht jede Frage „gleich behandeln" und ihr daher auch nicht mit dem gleichen Satz oder der gleichen Frage begegnen konnte.
Basierend auf dem, was ihm tagtäglich widerfuhr, entwickelte er bald seine ganz persönliche „Frageball- Abwehr- und -Reaktionstafel". Eine Art „Frage/Antwort-Katalog", der die Fragen in Kategorien sortierte. Mit dem konnte er schnell, gezielt und vor allem situationsgerecht reagieren. Denn, auf der einen Seite wollte er zwar das selbstständige Denken seiner Mitarbeiter forcieren, auf der anderen Seite wollte er aber niemandem, der seine Hilfe **tatsächlich** benötigte, vor den Kopf stoßen. Es wurde seine geheime Wunderwaffe. Das Geheimrezept dieses Mediums war, wie so oft, wenn es um effektvolle Werkzeuge der Kommunikation geht, die Simplizität.
Da gab es zum Beispiel die „dummen Fragen", die der Kategorie „Tonerpatronen" angehörten. Todesmutig reagierte Erwin fortan auf diese Fragen nur noch achselzuckend, ohne auch nur den Blick anzuheben. Das einzige was man von ihm hörte, war folgender Satz: „Selber nachdenken macht schlau". Dass der eine oder andere Mitarbeiter daraufhin beleidigt abzog, nahm er gerne in Kauf, denn letztlich wusste er, dass die beleidigte Haltung nur von kurzer Dauer war. Von langer Dauer hingegen war der Effekt, den er damit erzielte. Unbewusst wurden sie zum selbstständigen Denken angeleitet. Erwin konnte beobachten, dass die Fragen der Kategorie „Tonerpatronen" mit der Zeit immer seltener wurden. Denn irgendwann wusste jeder, dass er mit der Anregung, selber nachzudenken und ohne eine „fertige" Antwort wieder abziehen würde. Bald sparten sie sich den Weg und das sinnlose Ball hin und her werfen. Proportional dazu wuchs Erwins Zeit, ungestört an einem Vorgang arbeiten zu können.
Dann gab es die „faulen Fragen" der Kategorie: „Denk-du-für-mich (ich habe keine Lust)". Anspruchsvollere Fragen, auf die Erwin natürlich eine Antwort hatte, sich aber bemühen musste, diese nicht sofort hinaus zu posaunen.

Er begegnete diesen, indem er eine Gegenfrage stellte, mit der er zunächst die Ideen des Mitarbeiters erfragte. Zum Beispiel so: „Hm, ja. Eine gute Frage. Was schlagen Sie denn vor?". Das Wichtigste bei dieser fiesen Sorte war, nicht in die Versuchung zu geraten, den Pass anzunehmen, mit dem Frageball bis zum Tor zu laufen, um dann, in guter Chefmanier, selbst das Tor zu schießen. Das fiel ihm weiß Gott nicht immer leicht! Doch der Effekt, den er dank seiner Zurückhaltung erzielte, war es ihm wert, sein eigenes Wissen weiterhin zu zügeln.
Die Mitarbeiter waren nämlich von Mal zu Mal deutlich besser vorbereitet, wenn sie mit einer Frage kamen. Offensichtlich war ihnen mehr als klar, dass Erwin sie mit verlässlicher Sicherheit nach ihrer eigenen Meinung dazu befragen würde. Wo früher mit einem kurzen Prozess des Typs „Frage an Chef/Antwort vom Chef" die Sache erledigt wurde (mit der bekannten Konsequenz geschrumpfter Hirne), wurden nun kleine Brainstormings zelebriert mit oftmals wertvollem Ausgang.
Andere Male ging der Mitarbeiter mit genau der Antwort, die ihm auch Erwin gesagt hätte, nur mit dem Unterschied, dass er aufgrund der Situation, den Frageball plötzlich wieder in Armen zu halten, sich intuitiv selbst die Antwort auf seine eigene Frage gegeben hatte.
Ach ja, und dann gibt es ja noch die sogenannten „bequemen Fragen" der Kategorie: „Hoppla, da bin ich und will sofort deine Hilfe!" Das sind die, die Erwin am meisten verabscheut. Sie werden von jenen Mitarbeitern gestellt, die in ihrem Leben von einer schier unerträglichen Bequemlichkeit bestimmt werden und obendrein immer diese latent spürbar fordernde Haltung haben (... als Mitarbeiter haben sie ja schließlich einen Anspruch darauf, sich beim Chef immer und jederzeit Entscheidungen abzuholen). Blöd nur, dass sie dabei dann auch immer erwarten, dass besagter Chef den komplexen Vorfall, mit dem sie mal eben um die Ecke kommen, dann auch innerhalb von Sekunden erfassen könne und somit in der Lage wäre, sofort eine passende Antwort zu geben. Diese Mitarbeiter machen Erwin närrisch. Sie platzen in den Raum, drücken „dem Chef" eine dicke Vorgangsmappe in die Hand und sagen gerne mal so Sachen wie: „Jetzt schauen Sie sich das mal an, Chef! Der spinnt doch wohl, oder? Und? Was soll ich dem Kunden nun sagen?" Früher hätte Erwin alles stehen und liegen gelassen, sich mit viel Mühe in den Vorgang reingedacht und dann die erwartete Entscheidung als Antwort gegeben.

Doch nun war es anders. Unwillkürlich durchschossen ihn Fragen über Fragen „Welcher Kunde spinnt? Warum spinnt der? Wer soll wem was sagen? Und überhaupt! Was ist das denn für ein Riesen-DING, mit dem sie hier ankommen?!" Wie gerne würde es Erwin, laut schreiend, und mit Schaum vorm Mund, erwidern! Doch der Mitarbeiter würde höchstwahrscheinlich nur die Frage nach dem „DING" beantworten: „Das ist eine Mappe, Herr Erwähnermann" „Ja! Das sehe ich! Eine Mappe! Nein! Viel mehr eine RIESENmappe! Weil der ganze Vorgang vermutlich ja schon ein paar Tage alt ist, nicht wahr? Soll ich meine Laseraugen aktivieren und den Vorgang kurz durchleuchten, um mir ein Bild zu machen?! Was erwarten Sie eigentlich von mir, Sie Vollhorst?!, dass ich mal kurz in Ihren Kopf steige, um den Vorgang zu verstehen, damit Sie endlich ihre blöde Entscheidung bekommen? Ja? Aber wissen Sie was? So läuft das nicht? Ich habe nämlich keine Laseraugen!!!" Doch er zügelt sich noch in letzter Sekunde. So tief will Erwin dann doch nicht sinken. Und dank seiner magischen Tafel ist er ja auf derartige Attacken nun auch viel besser vorbereitet. Das hilft. Und wie das hilft! Denn automatisierte Reaktionen helfen immer, wenn es darum geht, die ansteigende Lava der Wut zu unterdrücken. Ganz sachlich stellt er seine Gegenfrage und wirft ihm mit einem bewusst sanften Lächeln gekonnt den „Frage-Ball" zurück: „Worum geht es genau?" Könnten Sie so nett sein und Ihre Frage noch ein wenig präzisieren?" Und wenn der Mitarbeiter diese Frage dann nicht postwendend kurz und knapp beantworten kann, schießt der gute Erwin Folgendes gleich hinterher: „Kommen Sie doch bitte wieder, wenn Sie besser vorbereitet sind und mir den Vorgang in kurzen Worten erläutern können, dann werde ich mich gerne damit befassen", und wendet sich ab und widmet sich wieder seiner Arbeit.
Und zu guter Letzt gibt es dann noch die sogenannten „berechtigten Fragen". Die sind konkret gestellt, beinhalten zumeist ein paar Möglichkeiten oder Alternativen und benötigen nur noch den letzten Schliff: eine Entscheidung, die aufgrund der Kompetenzen tatsächlich nur der Chef treffen kann.

--- „Frageball Abwehr- und Reaktionstafel" ---

Frage	Antwort
Typ: „Dumm" Kategorie: „Tonerpatronen"	Achselzucken - Keine Unterbrechung der eigenen Arbeit „Selber denken macht schlau" „Selber suchen macht klug" (.) Ja! Du kennst die Antwort... Aber sag sie nicht! !! Beiße dir auf die Zunge!
Typ: „Faul" Kategorie: „Denk-du-für-mich" (ich habe keine Lust)	Aufschauen – Eigene Arbeit unterbrechen „Was schlagen Sie vor?" „Was meinen Sie?" „Welche Ideen haben Sie dazu?" (.) Ja! Du kennst die Antwort... Aber sag sie nicht! !! Beiße dir auf die Zunge!
Typ: „Fordernd" Kategorie: „Hoppla, da bin ich mit meinem Problem" (und ich will sofort deine Hilfe)	„Worum geht es genau?" „Könnten Sie Ihre Frage bitte präzisieren?" „Was genau erwarten Sie (bis wann) von mir?" (.) Nein! Du denkst dich jetzt nicht in den Fall rein! Schick ihn weg, wenn er nicht präzise antworten kann „Kommen Sie doch bitte wieder, wenn Sie besser vorbereitet sind und Sie mir den Vorgang in kurzen Worten erläutern können, dann werde ich mich gerne damit befassen"
Typ: „Entscheidungsbedürftig" Kategorie: „Nur du hast die nötige Kompetenz" (ich benötige eine Entscheidung, um weiterzumachen)	Gib ihm Antwort!

Anmerkung der Autorin

Genau genommen wendet man hier die „Tolerieren-heißt-akzeptieren-Regel" an. Tolerieren Sie keine unzureichend vorbereitete Fragestellung! Spielen Sie den Frageball auf keinen Fall aus, denn das wäre „tolerieren". Reagieren Sie, wenn Sie finden, dass die Frage zu ungenau gestellt ist, indem Sie dem Fragenden den Frageball gezielt (und je nach Situation und Fall) mit einer präzisen Gegenfrage zurückwerfen.

Frageball
Antwortball
Typ: „Dumm"
Kategorie: „Tonerpatronen"
„Wo soll ich die Tonerpatronen hintun?"
Ja doch!! Ich kenne die Antwort!! Aber ich sage sie nicht!
Umpf! Ich beiß mir auf die Zunge!
„Selber denken macht schlau!"
„Selber suchen macht klug!"

Frageball
Antwortball
Typ: „Faul"
Kategorie: „Denk-du-für-mich" (ich habe keine Lust)
„Wann sollen wir die Kundebefragung durchführen?"
Ja doch!! Ich kenne die Antwort!! Aber ich sage sie nicht!
Umpf! Ich beiß mir auf die Zunge!
Hm, ja. Eine gute Frage. Was schlagen Sie vor?
Typ: „Fordernd"
Kategorie: „Hoppla, da bin ich mit meinem Problem" (und ich will sofort deine Hilfe)
„Schauen Sie sich das mal an! Was soll ich denn jetzt machen?"
Nein! Ich denke mich jetzt nicht in diesen komplexen Fall rein!
Schick ihn weg, wenn er nicht präzise antworten kann
„Worum geht es genau?" „Könnten Sie Ihre Frage bitte präzisieren?"
„Kommen Sie doch bitte wieder, wenn Sie mir den Vorgang in kurzen Worten...

Typ: „Entscheidungsbedürftig“

Kategorie: „Nur du hast die nötige Kompetenz“ (ich benötige eine Entscheidung um weiter zu machen)

„Der Mietvertrag der Stellplätze läuft ab. Es sind derzeit 4 Mitarbeiter, die diese nutzen. Ich denke, das rentiert sich nicht. Was meinen Sie? Sollen wir den Vertrag um ein weiteres Jahr verlängern oder kündigen?“ *

Anmerkung der Autorin

*Ist das nicht eine „Traum-Fragestellung?“ Sie meinen aber, dass die wenigsten Mitarbeiter fähig sind, eine derart gut formulierte Frage zu stellen? Dann befähigen Sie ihre Mitarbeiter! Wie? Beantworten sie fortan NUR ausführlich gestellte Fragen! Jedoch, bitte! beherzigen Sie dabei diese Tafel! Sie hat sich schon vielfach bewährt und dient hervorragend als grobe Orientierung (schließlich geht es nicht darum, fortan „jeden Mitarbeiter einfach abblitzen zu lassen!!“)

Notizen

8. Kurzgeschichte „Erhart-King-im-Boot“

In dieser Kurzgeschichte erfahren Sie, wie die besten Ideen für Ihr Unternehmen entstehen ...

Erhart ist extrem zufrieden. Er hat ein tolles Boot!
Okay, zugegeben, es ist schon etwas morsch an mancher Stelle. Aber Erhart hat es voll im Griff und bleibt stets am Ball, wenn es darum geht, die verschiedenen Ecken zu reparieren. Schließlich weiß er ganz genau, wie das geht. Er kennt alle Lösungen.

Am Ufer stehen die Mitarbeiter und freuen sich schon auf die tollen Ideen ihres Oberhauptes. „Oh je, Wasser rinnt ins Boot! Was er sich diesmal wohl wieder einfallen lässt?"

… Sie sind schon ganz gespannt! Sie hätten zwar auch die eine oder andere Lösungsidee, doch sie wissen, dass die Genialität der Ideen ihres Chefs kaum zu überbieten ist. Mag zwar sein, dass Erharts Ideenergüsse manchmal ein wenig unpraktisch sind, und dass die Umsetzung dann auch immer schwer fällt, aber was soll's, es sind geniale Ideen von einem genialen Chef.

Blöd nur, dass ihm ständig die Zeit fehlt, aus seinen „ach-so-genialen-Ideen" entsprechende „Genialtaten" zu machen. Doch Erharts Zuversicht kennt keine Grenzen. Das schafft er schon! Ganz gewiss! Die Mitarbeiter werden staunen und stolz sein auf ihren Chef, auf ihren König!!! der immer alles hinbekommt … Alles!

Erwin ist begeistert. Sie haben ein stabiles Boot!
Und, dass sie es haben, ist weder Glück noch Fügung. Es ist Arbeit. Ein tägliches Dranbleiben, ein Miteinander und ein Füreinander. Wie schön diese Worte doch klingen, direkt romantisch, nicht wahr? „Alle für einen und einer für alle!" ... Was für eine Kraft steckt hinter diesem so bekannten Satz! Ja genau, Kraft ... denn ohne die bleibt es eben nur, was es ist ... ein Satz. Ein stabiles, großes und modernes Boot bekommt man eben nicht einfach so geschenkt. Man muss es bezahlen. Mit Kraft, Elan, Motivation, Ausdauer und immer wiederkehrender Kommunikation. Einer alleine verfügt über diese tollen Dinge eben nur 1 x ... Wer dieses 1 x 1 verstanden hat, hat Erfolg ... und einen extrem anstrengend Arbeitsalltag. Erwin hat.

Denkpausen sind für jedes Teammitglied mittlerweile genauso selten wie eingerostete Gehirne. Ganz gezielt nutzt er die Kreativität der unterschiedlichen „Köpfe". Letztlich geht es darum, die Vorgänge der Firma tagtäglich zu optimieren, und das ist etwas, was er alleine nicht schaffen kann, das ist Erwin sonnenklar. Und sie waren sehr oft verzweifelt und haben gedacht, dass gewisse „Risse im Boot" nicht mehr zu kitten seien. Doch dank der erstaunlichen Ideenvielfalt der verschiedenen Menschen, die sich einbrachten, sitzen sie heutzutage in einem durchweg stabilen Boot. Erwin hatte viele gute und oft geniale Ideen, die in der Umsetzung als entscheidende Aktionen der Rettung galten. Doch oft waren es auch die Gedanken der anderen Teammitglieder, die den entscheidenden Anstoß gaben. Lösungsansätze oder gar vollständige Lösungen, an die noch nicht einmal der erfahrene Erwin gedacht hatte.

Häufig sitzen sie bis spät zusammen und puzzeln. Stolz wie Künstler betrachten sie dann das vollendete Gesamtwerk. Sie haben schon viele dieser „Ideen-Puzzle" gemeinsam geschaffen und sich immer wieder über den witzigen Dominoeffekt amüsiert, der dabei entsteht. Eine vermeintlich unsinnige Idee, die letztendlich dann doch eine revolutionäre Wendung auslöst, weil sie mit einem völlig anderen Gedanken vermengt wird. Grad so, als wenn der zunächst nackte Gedanke des Einen das Kleid des Anderen bekäme.

Notizen

9. Kurzgeschichte „Die ewige Gefahr der Alsemakra“

In dieser Kurzgeschichte erfahren Sie den besten „Instruktions-Trick aller Zeiten“... die Basis jeder Delegation!

Erhart gibt ja eigentlich Nichts so richtig gerne aus der Hand, aber er hat bemerkt, dass er etwas tun muss, damit ihm nicht alles entgleitet. Das Buch über Delegation, das er im Urlaub gelesen hat, hat ihm den letzten Anstoß gegeben. Nun wird er endlich aktiv werden. Er MUSS Ballast abwerfen. Dringend!

Entschlossen greift er zum Telefon und ordert Herrn Gruber zu sich. Als Abteilungsleiter wird er ja wohl im Stande sein, ab sofort die Aufgabe der monatlichen Statistiken zu übernehmen. Herr Gruber klopft an. Erhart empfängt ihn mit den Worten: „Herr Gruber, ich muss viel zu viele sinnlose Arbeiten verrichten, die mich von meinen wichtigen Aufgaben abhalten. Ich habe daher entschieden, dass Sie einen Teil dieser Arbeiten, äh, ich meine natürlich Verantwortungen, also, das heißt, sinnvolle und wichtige Verantwortungen, übernehmen werden, um mich zu entlasten. Sind Sie einverstanden?!" Das zögerliche Nicken von Herrn Gruber reicht Erhart als Zusage, doch die Gedanken von ebendiesem gehen in eine ganz andere Richtung: „Gerne doch, Herr Stummermann, gerne übernehme ich Ihre Drecksarbeiten, damit Sie endlich mehr Zeit für die wirklich wichtigen Dinge dieser Firma haben!" DAS hatte er gedacht, der gute Herr Gruber, doch sehr viel weiter kam er gar nicht, denn nun braucht er seine volle Konzentration für die schnellen „Instruktionsworte" von Erhart.

„Also, lassen Sie uns beginnen, Herr ..., Herr ..." „Gruber", vervollständigt der zierliche Herr, der völlig entnervt daran denkt, dass er schon seit acht Jahren in der Firma ist. „Ja, ja, natürlich. Herr Gruber. Also, das ist alles ganz einfach. Kommen Sie mal mit. Wir müssen diese Arbeiten am Empfang tätigen." Herr Gruber läuft seinem völlig überdrehten Chef hinterher und fühlt sich dabei wie ein Kurzbeindackel. Hechelnd steht er nun am Empfang, Erhart springt hinter den Arbeitstisch und fängt auch schon sofort an zu reden: „Also, schauen Sie mal ... **Sie müssen nur** folgendes beachten: Jeden zweiten Montag im Monat müssen Sie um 16:30 Uhr die letzten Statistiken abrufen und ausdrucken. Sechs Mal, äh, nein, besser sieben Mal, dann können Sie mir noch eine Kopie ins Fach legen. Das wäre wichtig. Nun gut, nun verteilen Sie die Ausdrucke in die Fächer von Herrn Funke, Schmidt, Müller und Huber, eine behalten Sie und die andere heften Sie dann in diesem Ordner ab. Achtung, verwechseln

Sie den nicht mit diesem hier, der ist nämlich für die Lagerstatistiken, und wenn die Statistiken durcheinander kommen, gibt es ein riesiges Chaos. Also, immer in diesen Ordner. Den müssen Sie dann übrigens auch immer beim Monatsmeeting der Führungskräfte mitbringen. Vielleicht sollte man den mal auswechseln, der ist ja schon ganz kaputt. Übrigens, ich lege Wert darauf, dass Sie die Statistiken immer als Ausdruck in die Fächer verteilen, hören Sie?! Kommen Sie ja nicht auf die Idee, die als Mail zu senden, Mails werden in dieser Firma nämlich nicht verlässlich gelesen, die Fächer hingegen werden täglich geleert. Danach senden Sie mir eine Mail und setzen Herrn Funke, ach nein, nicht Herrn Funke, ich meine natürlich Herrn Schmidt und seine Assistentin Cc, damit die Bescheid wissen, dass die Statistiken nun in den Fächern liegen. Ach ja, wenn Herr Funke, nein!, doch nicht der Funke, Herr Schmidt, verdammt! äh, im Urlaub ist, müssen Sie bitte Herrn Huber Cc setzen, okay? Gut, also dann, besten Dank und Sie wissen ja, ich verlasse mich voll auf Sie, Sie sind ein guter Mann, deswegen habe ich Sie hierfür ausgesucht. Also, enttäuschen Sie mich nicht!" Erhart bemüht sich, seine Äußerung mit einem Lächeln zu untermalen, was ihm aber nur sehr ungelenk gelingt, schüttelt dem völlig verzweifelten Herrn Gruber rasch die Hand und beendet die Instruktion mit einem knappen: „Bis dann."

Erhart mutiert zur „Alsemakra"...

Anmerkung der Autorin

Ich habe eine persönliche Bitte an all die Menschen, die die Erklärung komplexer Vorgänge mit dem Satz: „**Das ist ganz einfach** ...“ beginnen, weil sie denken, dass sie damit denjenigen vorneweg „beruhigen“ oder „für die Sache begeistern“ könnten. Nun, in der Regel wird das Gegenteil erreicht. Druck macht sich breit! Denn, wer das, was gleich SCHNELL erklärt wird, (... erfahrungsgemäß werden vermeintlich „einfache Sachen“ immer schnell erklärt!!!) nicht auf Anhieb kapiert, ist demnach unfassbar blöd. Da aber die wenigsten Menschen wie ein „unfassbar blödes Wesen“ vor ihrem Chef stehen wollen, geben sie selten zu, dass sie etwas nicht verstanden haben. Sie stehen da und nicken. Nicken und denken: „Ach du dickes Ei!“ Lediglich die Illusion, dass sie das schon „irgendwie hinbekommen“ werden, baut sie wieder auf. Doch meistens bleibt das „Irgendwie“ aus, und damit auch das „Hinbekommen“.

Der Weg der beiden trennt sich wieder und jeder wandert in sein Büro zurück. Zufrieden lässt sich Erhart in seinen Chefsessel fallen. „Wahnsinn, dieser Herr Gruber ist ein Teufelskerl!“, stellt er fest, „der hat alles super schnell verstanden und hatte keine einzige Frage, echt irre!“. Naja, Erhart war ja an diesem Erfolg nicht ganz unbeteiligt gewesen, schließlich hatte ER ihm alles so fließend und routiniert erklärt. Innerlich klopft er sich auf die Schultern, offenbar hat er den richtigen Mann für diese Aufgabe ausgesucht! „Eine tolle Sache, so eine Delegation“, denkt er und beschließt, Herrn Gruber schon bald weitere Aufgaben zu geben.

Doch so weit kommt es nicht, denn Erhart wird jäh enttäuscht. Das Ergebnis war eine einzige Katastrophe. Nichts hat funktioniert. Es ging schon damit los, dass Herr Gruber, der offenbar überhaupt nichts auf die Reihe bringt, nicht wusste, wo die aktuellen Statistiken gespeichert werden und hat die alten verteilt ... Keiner hat sich mehr ausgekannt und alle haben, der Reihe nach, bei Erhart angerufen und ihn von seinen wichtigen Arbeiten abgehalten. Dann hat dieser Nichtsnutz auch noch alles im falschen Ordner abgelegt, und das Chaos war somit perfekt. Aber, das war ja klar! Als wenn es Erhart nicht geahnt hätte. Nie hätte er dieses blöde Buch über Delegation lesen dürfen! „Man solle als Chef lernen, loszulassen und sich mit weniger als 100 % zufrieden geben", stand da in diesem tollen Buch! Sehr witzig! Weniger als 100 %!!! Pah! Die Leistung von Herrn Gruber war aber nicht „weniger", sondern „minus"! Und zwar minus der gesamten 100 %! Sprich: NULL! „Soll man sich damit etwa auch zufrieden geben? Lächerlich! Alles Humbug!", denkt sich Erhart und beschließt, nie wieder etwas zu delegieren! Es geht einfach nicht. Nicht, solange er von solchen Deppen umgeben ist!!!

Erhart ist also, wie wir grade gelernt haben, der einzige Nicht-Depp der Firma. Umso erstaunlicher, dass grade er im sensiblen Moment der Instruktion zur **„Alsemakra"** (**Al**les-**se**lbst-**ma**chenden-**Kra**ke) mutierte, mit Klassikern wie:

„Schauen Sie mal..." (?!) „learning by schauing"... ?!"
„Sie müssen nur..." (?!) „learning by nurmüssing" ... ?!

Es kursiert das Gerücht, dass es einen kausalen Zusammenhang zwischen der grottenschlechten Instruktion von Erhart und dem Nichtgelingen von Herrn Gruber gibt.
Hmh ... mir ist, als sei da was dran ...

Erwin will nicht einfach nur Ballast abwerfen, er will ganz einfach wachsen und interessiert sich stets für neue Projekte. Und natürlich muss auch er sich dafür immer wieder neue Zeitfenster schaffen. Darum hat er sich sehr häufig mit dem Thema der Delegation befasst und entsprechende Bücher gelesen oder Seminare besucht. Er weiß daher ziemlich genau, worauf es ankommt.

Erwin will wachsen & interessiert sich stets für neue Projekte. Dafür benötigt er immer wieder neue Zeitfenster...

Erwin weiß, daß „sein lästiger Sand“, für einen ausgesuchten Mitarbeiter, ein „interessanter Stein“ ist...

Er weiß aber auch, dass die meisten Chefs an der „Instruktion", sprich an der Weitergabe von ihrem Wissen, scheitern. Es ist **die „Achillessehne" der Delegation**! Zeit, Energie und vor allem Geduld sollte man ihr widmen ... Doch es fiel ihm schwer! Schließlich waren es meist Sachen, die er selbst schon hundertfach gemacht hatte und die ihm daher so extrem leicht von der Hand gingen! Lange war er auf der Suche nach einem simplen Trick, einem effektvollen „visuellen Anker", der ihm dabei helfen könnte, innerhalb von Sekunden die „Alsemakra" zu besiegen.

„Hände weg beim Instruieren!", schoss es ihm durch den Kopf, als er grade dabei war, einem Mitarbeiter etwas zu erklären und mal wieder in die Versuchung geraten war, selbst Hand anzulegen. Just in diesem Moment war seine Suche beendet. Er hatte den sehnlich gesuchten visuellen Anker endlich gefunden: Fortan stellte er sich vor, er hätte die („Kraken")-Hände in den Hosentaschen. Und manchmal, wenn es gar nicht anders geht, weil der Drang, selbst aktiv zu werden, zu groß wird, tut er die Hände wahrhaftig in die Hosentaschen. Das sieht dann zwar ein wenig ungewöhnlich aus, doch Erwin findet das allemal besser, als der „Alsemakra" zum Opfer zu fallen und sich nachher über ein fehlerhaftes Umsetzen ärgern zu müssen.

Das veränderte insbesondere zwei Dinge:

Erstens die Geschwindigkeit der Instruktion. Denn „ohne Hände" benötigte Erwin nun viel mehr Zeit, um jeden Vorgang, den er sonst kurzer Hand schnell selbst getätigt hätte, so zu beschreiben, dass ihn ein Außenstehender selbst „finden" und umsetzen kann.

Zweitens: die Fehlerquote bei der späteren Umsetzung der delegierten Aufgaben sank merkbar, zugleich wuchs die Zahl der Erfolgserlebnisse einzelner Mitarbeiter. Alles in einem: eine coole Sache.

Zudem ist es ein hervorragendes Werkzeug, um das „Können" der Mitarbeiter sicherzustellen. Ein Werkzeug, das er manchmal benötigt, wenn er feststellt, dass ein Mitarbeiter eine Aufgabe zwar umsetzen „wollte", aber mangels Fähigkeiten oder fehlenden Wissens nicht „konnte". (siehe dazu Kurzgeschichte 4)
Für seinen visuellen Anker bediente sich Erwin des bekannten Satzes: „Hände hoch, oder ich schieße!" und wandelte ihn um in: „Hände in die Hosentaschen, oder ich lerne nichts!"

Hände in die Hosentaschen oder ich lerne nichts!

Anmerkung der Autorin

Ich weiß, das wirkt alles ein wenig seltsam, aber glauben Sie mir, dieser visuelle Anker ist eine echte Wunderwaffe!. Das erfordert zwar, vor allem zu Beginn, jede Menge Geduld, aber Sie werden schnell bemerken, dass es sich mehrfach auszahlt. Versuchen Sie doch mal, in den nächsten Tagen zu beobachten, ob Sie ein „gefährdeter Kandidat" sind und der „Alsemakra" häufig zum Opfer fallen, wenn Sie etwas erklären. Ist dem so? Dann ist dieser „Hosentaschen-Trick" IHR Ding!!!

Notizen

10. Kurzgeschichte
„Wer bist du überhaupt?“

In dieser Kurzgeschichte erfahren Sie, warum Führungsarbeit eine sehr differenzierte Herangehensweise erfordert.

Erhart nimmt seinen Job als **Führungs-kraft** sehr ernst, ja fast schon wörtlich! Er versteht sich als führende Kraft, denn er führt, und das mit Kraft! Jeden seiner Mitarbeiter gleich. Und er führt sie mit Elan... „von a nach b", „von b nach c" ... je nachdem, wohin sie seiner Meinung nach gerade hinlaufen sollen. ER sagt, wo es langgeht, welchen genauen Wegverlauf die jeweiligen Mitarbeiter einschlagen sollen, und auf welche Weise sie dieses tun müssen, um das Ziel zu erreichen. Er ist die führende Hand. Der Mitarbeiter muss (und hat auch nichts) zu bestimmen ... er soll einfach der Führungsvorgabe Folge leisten, und gut ist!

Und ja! Viele Mitarbeiter lieben ein derart fremdgesteuertes Leben und können es sich anders kaum vorstellen. Ja, es wäre für sie sogar die reine Horrorvorstellung sich auszumalen, dass sie selbst Entscheidungen treffen müssten. „Nein, nein, so ist es viel besser. Herr Stummermann sagt, wo ich langgehen soll und ich gehe da lang", meinte einst ein Kollege, als er von einem anderen kurz vorher erzählt bekommen hatte, wie schlimm es für ihn ist, sich wie eine Spielfigur zu fühlen, die unfähig wäre (auf dem ohnedies bereits abgesteckten Spielfeld!), ihren eigenen Weg zu bestimmen.

Da prallen gerne mal Welten aufeinander. Denn was für den einen der Himmel auf Erden ist, ist für den anderen die Hölle. Bei einem brennt ein eigenes kleines Feuer und er träumt davon, seine ganzen Ideen einzubringen, und der Andere fühlt sich als ausführendes Organ pudelwohl.

Aber Erhart weist das alles von sich. Zudem kennt er seine Mitarbeiter nicht als Mensch. Da herrscht strikte Trennung! Bei Hart & Partner will er kein soziales Gesäusel. Es sind Mitarbeiter, und Erharts Job ist es, sie zu führen (... wie gesagt, von a nach b und von b nach c ... und vielleicht auch mal wieder zurück nach a...), und wer sich dabei unwohl fühlt, **muss** ganz einfach damit leben!

Anmerkung der Autorin

Regine: „Ja? Muss er? ... Erhart ... schon Mal darüber nachgedacht, dass er einfach geht? Einfach so? ... Mit seinem ganzen Rucksack voller Kreativität, dessen Inhalt du nicht abrufen wolltest, weil es nicht DEINE Ideen sind und sie somit im Übrigen auch nie bei euch zum Einsatz kamen? (Was schade ist, denn ggf. waren gewinnbringende Ansätze dabei)"
Erhart: „Entschuldige, Regine, aber wenn er geht, dann liegt es ja wohl an ihm und überhaupt! ... dann hat er wahrscheinlich auch nicht zu uns gepasst".
Regine: „Ach so! Wenn er kündigt, dann ist es seine Schuld! Verstehe! Aber, weißt du was? Du hast Recht! Jetzt, wo du es so sagst ... zu deinem **Gießkannen-Führungsstil** passen wohl tatsächlich keine kreativen Mitarbeiter mit einem eigenen Feuer. Hm. Ja Mensch! Vielleicht ist ja das sogar der Grund dafür, dass ihr euch immer nur im Kreise dreht?! Was meinst du?"
Erhart: „Was willst du mir damit sagen? Dass ich eine schlechte Führungskraft bin?!"
Regine: „Der eine sagt so, der andere so ..."
Erhart: „Aha! Und was sagst du?"
Regine: „Ich sage so."

„Nix da! Schließlich bin ich nicht zuletzt deswegen der Chef, weil ich die größere Lebenserfahrung habe!". Ja, ja, so ist es nun mal ... bei Hart & Partner. Erhart bleibt hart. ER hat das Sagen. Er sagt, wann und wie es wo langgeht, und basta. Da kann er Mitarbeiter mit eigenem Kopf nicht gebrauchen! Wo kämen wir denn da hin?!!!

Einst wurde Erhart in der Kantine vom Beratungsleiter gefragt, wieso Herr Müller von der Produktionsabteilung gekündigt hat? Er sei doch zu Beginn seiner Tätigkeit immer mit so viel Enthusiasmus in die Arbeit gegangen? Er wollte wissen, ob Erhart denn nicht aufgefallen sei, dass Herr Müller sich wohl immer etwas mehr Handlungsfreiheit für seine vielen Ideen gewünscht hätte? Doch Erhart erwiderte nur „Das Leben ist kein Wunschkonzert!", und gab dem Beratungsleiter zu verstehen, dass er diese moderne „Wir-kennen-uns-alle-und-haben-uns-alle-lieb-Ponyhof-Mentalität" überhaupt nicht nachvollziehen könne. Dann versuchte er das Gespräch achselzuckend zu beenden und sagte: „Ich muss nicht wissen, wie mein Mitarbeiter tickt! Der einzige der hier überhaupt ticken muss, bin ich" ... Apropos richtiges Ticken ... Ach! Lassen wir das! Das ist nicht unser Niveau!

Doch der etwas verstörte Blick des Beratungsleiters ließ Erhart erahnen, dass er noch etwas hinzufügen müsste, und so schoss er kurzerhand noch hinterher: „Aber scheinbar hatte Herr Müller, wie man sich erzählt, persönliche Probleme und kam wohl auch mit meinen Anforderungen nicht klar!"

Ja! Das ist doch mal ein sehr wahrer Satz von Erhart!!! Stimmt!!! Herr Müller kam mit Erharts Anforderung, eine „fremdgesteuerte Spielfigur sein zu müssen", tatsächlich nicht klar!!! Denn er war ein kreativer Kopf und hatte zudem eigene, teils völlig neuartige, aber durchaus erprobte Werkzeuge im Schrank ... Er hätte keine führende Hand, sondern vielmehr einen möglichst unbehandelten Acker gebraucht und einen Vorgesetzten, der sich für seine Werkzeuge interessiert. Doch nun ist Herr Müller weg. Schade, findet der Beratungsleiter. Erhart nicht. Denn er ist ja der Meinung, dass er nichts falsch gemacht hat. Schließlich behandelt er ja alle gleich ... Folglich ist derjenige, der freiwillig geht, zugleich derjenige, der das Problem hat und nicht andersrum!
Na dann mal viel Glück, Erhart!

Erwin sieht es, wen überrascht es, ein wenig anders.

Er hat kein großes Interesse daran, seine Mitarbeiter wie Spielfiguren zu führen. Wie wir von den Vorgeschichten wissen, sieht er sich sowieso nicht als führende, sondern vielmehr als unterstützende Kraft und hat längst bemerkt, dass jeder Mitarbeiter seine ganz persönliche Unterstützungsart benötigt. Daraus kann man leicht schließen, dass er besagte Mitarbeiter auch tatsächlich „persönlich" (sprich als Mensch) kennen muss. Und dann fiel ihm auf, dass auch er durchaus Mitarbeiter hat, die sich nur dann unterstützt fühlen, wenn sie genau gesagt bekommen, was sie tun oder lassen sollen. Im klassischen „Erhart-Style" sozusagen. Doch das kann er auf keinen Fall bei allen so machen, weil er sonst die Mitarbeiter der Kategorie „Booster" mit Sicherheit verlieren würde! Das sind die Mitarbeiter, die streng genommen „nicht führbar" sind, und wenn, dann eine ganz spezielle Art der Unterstützung benötigen. Diese Mitarbeiter lassen sich kein Spielfiguren-Korsett umschnüren und von „a nach b" führen. Es ist sogar so, dass man sie nicht führen „darf"! Tut man es doch, dann fühlen sie sich eingeengt und wehren sich. Schaffen sie es nicht, sich von den „Fesseln" zu befreien, dann gehen sie.

„Na super", können Sie jetzt denken. „Und was bringt mir ein Mitarbeiter, der sich von mir nichts sagen lässt und den ich nicht führen kann oder darf?" Viel! Vor allem ... jede Menge Weiterentwicklung!

Doch lassen Sie uns das mal genauer anschauen. Denn genau genommen ist es ja nicht so, dass sich diese Mitarbeiter per se „nichts sagen lassen". Vielmehr muss man als Vorgesetzter einfach wissen „was sie sich sagen lassen". Und schließlich überlässt Erwin diese Mitarbeiter ja auch nicht einfach sich selbst! Er löst es anders...

Erwin differenziert sehr genau zwischen folgenden „Verben":

- ⇨ **führen** (& stupsen)
- ⇨ **inspirieren** (& bremsen)
- ⇨ **ziehen**

Hier nochmal ein wenig detaillierter:

- Mitarbeiter die man (ständig, präzise und deutlich) führen muss (weil auch sie selbst es so wünschen und daher auch glasklare Vorgaben einfordern), und die man übrigens auch immer wieder „stupsen" muss ... (wenn sie z.B. die Vorgaben nicht erfüllen ...)

- Mitarbeiter die man nicht führen darf, sondern inspirieren sollte (indem man ihnen zum Beispiel Visionen gibt, ein großzügig abgestecktes Arbeitsfeld, Anregungen, ein Ohr für ihre Ideen und gute Diskussionen), und die man hier und da in ihrer Euphorie auch mal (möglichst) sanft „bremsen" muss ... (wenn sie z.B. mit zu abwegigen Ideen kommen ...)

- Mitarbeiter, die man ziehen muss, weil sie sonst nicht hinterher kämen. Jene, die noch jung, unerfahren oder neu auf dem Gebiet sind und in dieser Phase dem Vorgesetzten noch mehr Energie kosten, als dass sie ihm Nutzen bringen. Lange dürfen sie nicht gezogen werden, sonst verkümmern ihre Beine!

Erwins Alltag ist also, emotional betrachtet, sehr komplex. Nix da von wegen „Chef sagt, wo es langgeht, lehnt sich zurück, und ab geht die Post". Das ist ein ständiges Hin und Her, Auf und Ab, Ziehen und Inspirieren, Stupsen und Bremsen, Diskutieren und Bestimmen ... Und jeden Tag beginnt es aufs Neue! Wie abwaschen. Gestern grad erledigt, heute wieder da.

An einem Sonntagmorgen nahm Erwin seinen Zeichenblock und gab seinem Gefühl Gestalt. Die leicht musische Anmutung der Formen und Farben wählte er, weil er seine Arbeit zwar als etwas (fast schon körperlich) Anstrengendes, aber zugleich auch als etwas Interessantes und Schönes darstellen wollte.

Er hängte „sein Werk" in sein Büro, und jedes Mal, wenn er es sich anschaut, erkennt er seinen Alltag darin wieder. „Ja!, so ist es", denkt er dann, „der eine Mitarbeiter braucht mich so und der andere so".

„Führungsarbeit erfordert Differenzierung und den Einsatz nahezu aller Sinne & Extremitäten!!!“

„Wo würden Sie sich sehen?", fragte Erwin einst seinen Mitarbeiter, nachdem er ihm das Bild kurz erklärt hatte. Und witziger Weise fanden sie eine übereinstimmende Antwort, denn beide stellten fest, dass er ein Mitarbeiter der Kategorie „Booster" war, der ein großzügig abgestecktes Arbeitsgebiet benötigt. Perfekt! Denn schließlich handelte es sich um den Vertriebsleiter!

Zunehmend entwickelte es sich zum kleinen internen Spiel, denn jeder, der Erwins Büro betrat, kam früher oder später darauf zu sprechen.

Dass sein Bild so etwas auslösen würde, hätte Erwin vorher gar nicht gedacht. Und es hatte einen angenehmen Nebeneffekt, denn letztlich wurde jeder angeregt, völlig zwanglos und relativ entspannt anhand von ein paar Formen und Farben mal kurz über seine eigene Einstellung und Motivation oder über seine Bedürfnisse nachzudenken, und zugleich konnte Erwin feststellen, ob es eine Übereinstimmung vom Selbst- und Fremdbild gab. Das tat gut, denn sie begegneten sich auf der Bauchebene, und jeder lernte sich selbst und auch den Chef noch ein weiteres Stückchen näher kennen.

In der täglichen Umsetzung sieht es freilich weniger „musisch" aus ... da muss Erwin, genau wie jede andere Führungskraft auch, die gängigen Alltagsherausforderungen meistern. Und das sieht ungefähr so aus ...
Mitarbeiter, die Erwin **führen** „muss", weil sie klare Führungsvorgaben benötigen und diese auch einfordern, findet er relativ „un-anstrengend". Bei denen sagt er ganz einfach, wo es langgeht, was er wie und bis wann braucht, und dann bekommt er es oder auch nicht ... ist ja klar.

Was er dann tut oder nicht tut, sagt oder besser nicht sagt etc., steht gewiss in einer der Kurzgeschichten bereits beschrieben, denn Führungsarbeit ist letzten Endes wie ein großer dicker Knoten, bei dem alles irgendwie ineinandergreift und man weder Beginn noch Ende deutlich erkennen kann ...

Mitarbeiter, die Erwin **inspirieren** muss und nicht führen „darf", machen ihm meist wesentlich mehr Kopfzerbrechen, denn wir reden hier von der eher „unbequemen" Sorte Mitarbeiter, die ständig alles hinterfragen und fast täglich mit neuen Ideen daherkommen, von denen einige völlig abwegig, unrealistisch oder in der Realisierung viel zu teuer sind. Klar! Aber es sind eben auch immer wieder welche dabei, die dem Unternehmen einen richtigen Ruck geben. Doch nur, wenn man sich als Vorgesetzter auch die Mühe macht, sich vorneweg mit der gesamten Ideenflut auseinanderzusetzen, um die Auslese zu treffen.

Erhart tut sich das gar nicht erst an. Er macht kurzen Prozess mit derart „anstrengenden Mitarbeitern" und kontert meist mit schlagenden Argumenten, für die er meistens nur ein Wort benötigt: „unbezahlbar!" oder „unrealisierbar!" ... So oder so ähnlich sind seine Kommentare. Und mag sein, dass er oft richtig liegt und dass nicht jede Idee seiner Mitarbeiter umsetzbar ist. Da der gute Erhart aber, wie gesagt, alle kategorisch ablehnt, haben seine Mitarbeiter schon längst die Lust verloren, ihm Ideen zu unterbreiten, weil sie zudem jedes Mal das Gefühl haben, dass sie ihm ihre Idee richtiggehend „verkaufen" müssen!!! Und das ist den meisten viel zu blöd!!! (Irgendwo auch verständlich, finden Sie nicht?). Erharts Mitarbeitern ist das mittlerweile egal ... insgeheim denken sie sich längst „Dann halt nicht!", und der eine oder andere schiebt sogar noch folgenden Gedanken hinterher: „Ist doch eh nicht meine Firma".

Erwin hingegen setzt sich durchaus mit den Ideen seiner Mitarbeiter auseinander. Und das ist oftmals sehr zeitintensiv. Denn wenn er eine Idee mal ablehnen muss (was relativ oft vorkommt), dann möchte er immer auch begründen, warum er sie ablehnt! „Wieso das denn?", würde Erhart jetzt denken, „das ist doch völlig überflüssig investierte Mühe und Zeit! Er ist doch der Chef!? Der soll doch einfach Macht seines Amtes Nein sagen, und die Sache wäre erledigt!"

Aha! Die Sache wäre erledigt! Welche Sache denn? Die Sache mit den kreativen Mitarbeitern? Ja, das stimmt! Die wäre erledigt. Denn ein Mitarbeiter der Kategorie: „Ich-mach-mir-Gedanken-darüber-wie-wir-besser-werden-könnten", macht das mitunter nächtelang und teilweise sogar in seiner Freizeit. Wenn dieser nun mit einem einfachen „Macht meines Amtes sage ich NEIN" abserviert wird, fühlt er sich genauso, nämlich abserviert! Und nach abserviert kommt demotiviert, und nach demotiviert kommt frustriert, und nach frustriert kommt die Kündigung. Aber Erwin will diese Mitarbeiter auf keinen Fall verlieren. Und darum „tut er sich das alles an".

Und seine Investition trägt Früchte, denn es gibt einen kausalen Zusammenhang zwischen Erwins zeitintensiver und sehr differenzierter Führungsart und Erharts bequemem Gießkannen-Stil und den jeweiligen Ergebnissen.

Die Unterschiede der jeweiligen Unternehmen, die in diesem Buch als Boote dargestellt wurden, (s. Kurzgeschichte 8) sagen alles. ... Tun Sie sich (und mir) doch den Gefallen und blättern auf Seite 88 & 90 zurück und schauen sich die beiden Boote nochmal im Vergleich an.

Ah, wieder zurück? Gut. Genau, Sie haben es ja sicher deutlich gesehen ... Erharts Boot (Unternehmen) ist klein, morsch und brüchig, und Erwins Boot (Unternehmen) ist groß, modern und stabil. Nun wissen Sie warum ...

Erharts Gießkannen-Stil ist zwar gewissermaßen bequemer als Erwins Stil, aber er lässt kaum Gestaltungsfreiheit für „kreative Booster-Köpfe". Das Ergebnis: Selten bekommt er neue Ideen und ist über kurz oder lang von Handlangern und Marionetten umzingelt.

Erwins Leben als Führungskraft ist zwar wesentlich anstrengender (und an Erharts Maßstäben gemessen völlig übertrieben), aber er bekommt ständig frischen Wind und hat zudem eine sehr niedrige Mitarbeiterfluktuation. Warum? Weil er jeden seiner Mitarbeiter als Mensch kennt, ihn ernst nimmt und ihm auf Augenhöhe begegnet.

~ Ende ~

Notizen

Schlußbemerkung der Autorin

Mir wurde bei meinen Seminaren, Vorträgen oder Handbüchern vielfach bestätigt, dass meine Zeichnungen und Bilder sehr einprägsam sind und mit nur einem Blick an die jeweilige Kernaussage des Erlernten erinnern (sofern man die dazugehörige Geschichte oder die erläuterten Hintergründe kennt ...). Ich persönlich verfasse diese Zeichnungen insbesondere mit dem Ziel, die „Bauchebene" anzusprechen, aber auch weil ich die Erfahrung gemacht habe, dass sie einen starken Einfluss auf die Nachhaltigkeit bei der Umsetzung der neu erworbenen Erkenntnisse haben. Gerne können Sie die Bilder auch im praktischen Postkartenformat (für den Bürotisch) oder als Coaching-Card in EC-Karten Format erhalten. Weitere Infos finden Sie unter: **www.erwähnenswert.com**

~ Danksagung ~

Viele Wochenenden sind der „Geburt" von Erwin und Erhart gewidmet worden. Viele Stunden, die ich im Büro war und nicht am See, beim Skifahren oder im Kino... mit Euch, Sophia und Laura. Doch ihr habt Euch nie beklagt. Im Gegenteil, mit Enthusiasmus und aufrechtem Interesse habt ihr die Entstehung der Kurzgeschichten mitverfolgt und wart immer meine treuesten Zuhörer und Begleiter.
„Und was ist mit Papi?" Fragt ihr Euch jetzt sicher. Na klar! Auch bei ihm möchte ich mich bedanken, denn ohne ihn hätte ich es gar nicht geschafft...

Dieses Buch betrachte ich somit als das gemeinsame Werk einer „modernen Familie". Und nun ist es fertig! ...Und es ist an der Zeit mich bei Euch zu bedanken, für Euer Verständnis und für Eure liebevolle Unterstützung.

Eure „Mammi" ...mit Doppel-M!

Notizen

Notizen

Notizen